百万门店

赢利策略与实战落地

千海 若水 ◎ 著

中国商业出版社

图书在版编目（CIP）数据

百万门店赢利策略与实战落地 / 千海, 若水著. -- 北京 : 中国商业出版社, 2023.12
ISBN 978-7-5208-2786-7

Ⅰ.①百… Ⅱ.①千… ②若… Ⅲ.①商店—商业经营 Ⅳ.①F717

中国国家版本馆CIP数据核字(2023)第240417号

责任编辑：杜　辉

（策划编辑：佟　彤）

中国商业出版社出版发行
（www.zgsycb.com　100053　北京广安门内报国寺1号）
总编室：010-63180647　　编辑室：010-83118925
发行部：010-83120835/8286
新华书店经销
香河县宏润印刷有限公司印刷

*

710毫米×1000毫米　16开　13.5印张　150千字
2023年12月第1版　2023年12月第1次印刷
定价：68.00元

****

（如有印装质量问题可更换）

前　言

在如今这个互联网时代，商业形态和格局正在发生翻天覆地的变化，随着电商的崛起，实体门店正在遭遇寒冬，生存空间被严重蚕食。刚过去的三年疫情，又给摇摇欲坠的实体门店沉重一击，让实体门店的生存与发展面临极大的挑战。上不去的是客流量、销售量、复购率，下不来的是房租、水电、人工费，有些门店甚至沦为消费者的"试衣间"，而"一铺旺三代"的时代更是一去不复返。此时如果门店经营者不紧跟时代步伐，为自己寻找一条新的出路，那么一定会被残酷的市场淘汰掉。

因此，门店经营者一定要与时俱进，改变经营理念，学习新型经营策略，包括创建、经营和管理门店的新策略和新方法，尤其是要积极拥抱互联网，努力学习网上构建社群、私域引流、直播和团购带货等新型销售模式，做到从各个方面实现门店的转型和升级，最终达到盈利的目的。

本书是千海与若水老师经过多年的实体门店帮扶实战经验，为门店经营者和管理者量身打造的实战盈利手册。全书共十章，主要围绕门店盈利策略展开全面阐述，具体包括构建私域流量池，如何引流拓客，引流过来的客户如何运营管理，如何高效完成社群裂变，如何让流量变成存量，社区团购有哪些玩法，直播带货如何爆单……为了让大家更好地理解书中的内容，作者还列举了大量的运营实战案例作为辅助解读资料，以让大家更快速地明白书中介绍的盈利策略和落地方法。本书语言通俗易懂，内容条理清晰，实用性很强，可以为门店经营者和管理者提供学习与参考的工作思路和方法。

在电商经济的冲击下，实体商业将会面临进一步的洗牌。所以，对于创业萌新而言，开店仅仅关注选址、装修、店员的素质培养等方面是远远不够的，要想获得理想的经济效益，还要了解在互联网、社群、团购、直播时代下的门店生存和盈利法则。而本书正好满足了大家的这一需求，并且为大家提供了很多保姆级的实操方法，有需求的创业萌新读后可以拿来即用，没有任何专业壁垒，只要熟练掌握了书中提到的运营方法和策略，就可以实现店铺的盈利。

目　录

第一章　运用五大策略引爆门店，实现现金流快速增长

打造"线上+线下"的一体化经营模式 / 2

盘活私域流量，构建威力巨大的营销体系 / 5

为门店注入网红 DNA / 11

提升客户的体验感是实体店制胜的绝招 / 13

做好战略营销是门店经营者必备的能力 / 18

第二章　做好战略定位，打造品牌门店，锁定更多客户

门店战略定位的三个关键点 / 24

从招牌设计到 VI 设计，打造经营的差异化和唯一性 / 27

如何设置场景体验让用户数量快速增长 / 30

如何通过装修设计增加客户的体验感，

　　让门店销量翻十倍 / 33

第三章　实现门店现金流快速增长，先从选址开始

门店选址前的三项准备工作 / 40

不可不知的六个门店选址误区 / 42

掌握这八个基本流程，门店选址不用愁 / 45

选址时心中有"数"，手中才有富 / 50

人气爆棚的网红店应该开在哪里 / 53

第四章　学会领导团队，让团队自动自发地工作

与时俱进，培养员工六大能力，让其成为优秀的带货主播 / 58

流程化管理锁住优秀人才 / 63

员工起冲突？这七个处理方法轻松拯救 / 66

东方甄选火爆：管理员工要因人而异 / 70

如何制定门店的标准化经营流程 / 74

第五章　五网融合，引爆门店私域流量

天网策略：造势做流量 / 78

地网策略：招商建渠道 / 86

人网策略：分享做裂变 / 90

货网策略：产品巧引流 / 94

情网策略：合作要资源 / 97

第六章　社群营销打造门店营销"漏斗"，让营业额10倍速增长

如何从0到1构建一个优质的带货社群 / 102

做好社群客户者生命周期管理 / 105

社群运营的五个操作步骤 / 108

社群营销的核心魅力在于"裂变" / 112

用预售套餐打造社群交易体系 / 117

第七章　私域复购心法，让门店流量变"留量"

客户流失如何正确应对 / 124

提升客户忠诚度的七个方法 / 127

构建良好的信任关系，提升客户转化率 / 131

善于挖掘和创造客户需求 / 135

借助工具高效精准地触达客户 / 139

如何培养客户的复购习惯 / 143

第八章　直播带货，助力门店焕发新生机

实体门店做直播带货有"钱"途吗 / 148

如何搭建直播带货的团队 / 151

新手如何开启自己的第一场直播 / 155

直播带货爆流的三大核心要素 / 160

提升直播间"三高"的实用方法 / 163

头部主播都在用的五个爆单法 / 167

第九章 解锁团购新玩法，门店开启稳定赚钱模式

实体门店如何玩转社区团购 / 172

详细解读社区团购爆单的运营策略 / 175

实体店开启抖音团购的详细流程 / 177

门店开启团购后没有销量如何破局 / 182

和团购达人合作的实用指南 / 184

第十章 打造文化母体，轻松玩转门店营销，让你的业绩翻番

寻找文化母体是企业品牌营销的关键 / 190

企业品牌如何嫁接文化母体 / 192

文化母体的企业在营销前要做好哪些准备 / 195

通过文化母体营销，打造独角兽级别的门店，

    引爆品牌影响力 / 200

附录：千海金句 / 206

第一章

运用五大策略引爆门店，实现现金流快速增长

打造"线上+线下"的一体化经营模式

随着 VUCA 时代的来临，一大批实体门店面临生死存亡的考验。据企查查的调查数据，2020 年我国吊销注销的个体户、个转企等主体达到 301 万家。到了 2021 年，倒闭的实体门店更是达到了 1 000 万家。

时间回到 2022 年下半年，很多实体店老板本以为随着疫情的结束会迎来人们报复性的消费，但实际上这种消费景象并没有在实体店出现，于是，成批的门店迎来了关门潮。这些数据无不向人们传递着一个信息："线下体验"的门店红利早已消失。

随着互联网行业的蓬勃发展，大部分人的消费模式早已从线下转入线上，这就导致实体店的客流量严重下滑，而且越来越高的租金、设备成本、人力成本等也让实体店不堪重负。此时，如果线下的门店不做升级和改革，还继续沿用旧的经营模式，那么被市场淘汰是早晚的事情。

因此，实体门店要想在复杂且多变的时代存活下来，除了要充分利用自身的特色和优势之外，还要转变思路，学习和运用新的技术，通过线上为自己获客，这样才能与消费者产生更多连接的机会，为实体店获客打下基础。换句话说，实体门店只有打造"线上＋线下"的一体化经营模式才能让自己存活下来。

当实体门店的获客重心发生偏移时，作为实体店铺的经营者就应该从以下三个方面努力，来让门店起死回生。

1. 将产品和服务线上化

由于受地理位置的限制，传统的实体门店提供给客户的产品或者服务的范围不是很大，一般来说，它们只能辐射到周围两三公里左右的客流。为了提升服务半径，门店需要完成产品和服务的线上化，具体来说，就是实体门店的产品或服务要能在线上被客户看到、搜到，甚至买到。

当然，这里的线上化不仅包括将产品搬到淘宝、拼多多、京东等大型的购物网站上，还包括创立自己的公众号和小程序等，以此提升产品或服务的在线普及率，从而为高销量创造更多的可能性。

另外，一些美食类或者娱乐类的店铺还可以将自己的产品或服务搬到美团、抖音等平台上，通过一些优惠的套餐吸引更多的人前来消费。

2. 组织在线办公

随着现代科技的进步，越来越多的互联网办公软件进入了人们的视野。这些软件既可以帮助门店实现在线办公，也能帮助门店经营者完成远程协同作战。

比如，由阿里巴巴集团打造的智能办公软件钉钉，功能就十分强大，其中，钉闪会可以对会议进行一个全流程、结构化的高效规划，有了它，开会的效率会提升数倍；钉钉文档可以实现多人在线、实时编辑。另外，钉钉还支持插入附件、脑图、流程图、路线图和代码块等 23 种元素，能够满足商家的多种场景协同需求等。

除了钉钉，微信也是一款高效的办公软件，使用体验也非常棒。除此之外，目前线上办公软件还有很多，在此就不一一介绍了，但如果大家有意提升门店的工作效率，不妨多多尝试、多多探讨。俗话说，工欲善其事，必先利其器，我相信在越来越先进、便利化的软件工具的加持下，门店的在线化程度一定会不断加深，进而促使门店业绩出现大的改观。

3. 消费关系在线化

我们知道门店营业需要人气，不管线上还是线下，这个都是必不可少的。所以，当你的产品和服务搬到线上之后，线上的消费关系也需要商家有意识地去维护。比如，在售卖商品之前，要想方设法取得客户的信任；在销售产品的时候，要考虑客户的真实需求；当产品售完之后，更要重视售后服务等。如此，才能将线上的消费关系搞好，从而为店铺培养更多忠实的客户。

总而言之，传统的门店因为落后的经营模式、过高的经营成本等早已摇摇欲坠。此时要想在经营中有效破局，就必须顺应消费者的购物习惯，借助互联网，搭建线上购物通道，让门店经营辐射到更远的范围，触达更多的消费人群。而且，线上的营销推广活动也能实现用户裂变，从而深度挖掘用户身上的商业价值。

另外，线下门店也要充分发挥自身的优势，借助线下销售的即时性和便利性吸引更多的客户前来。比如，可以通过门店的布局、产品的视觉效果、服务人员热情的态度等不同方式来刺激消费者的消费意愿，从而促进销售。

现在已经从"人找店"，升级到"店找人"的时代，实体门店只有构建线上线下一体化经营模式，才能在竞争激烈的商业洪流中更好地生存。

盘活私域流量，构建威力巨大的营销体系

我们要明白，在如今的互联网时代，流量即是王道。不管你从事的是餐饮、教育、娱乐还是服饰等行业，没有流量就没有客源，没有客源就没有财源。所以，流量是"线上+线下"一体化经营的必需品。在短视频大火的时代，很多品牌企业依靠一波又一波的流量创造了令人惊叹的销售神话，让很多商家看得心痒难耐，纷纷跃跃欲试。

那么，作为门店的经营者，我们应该从哪里获得如此重要的流量呢？一般来说，流量分为公域流量和私域流量两个类型。

公域流量指商家直接入驻平台实现流量转换，比如大家熟悉的拼多多、京东、淘宝、饿了么等，以及内容付费行业的喜马拉雅、知乎、得到

等公域流量平台。

私域流量是指从公域（internet）、他域（平台、媒体渠道、合作伙伴等）引流到自己的私域（官网、客户名单），以及私域本身产生的流量（访客）。私域流量是可以进行二次以上链接、触达、发售等市场营销活动的客户数据。

这是百度百科对公域流量和私域流量这两个概念的理解和释义。通俗一点讲，公域流量是一片汪洋大海，作为商家的"渔夫"要想给自己的门店多捞一点"鱼"，除了花时间和精力推销自己的门店外，还要懂得利用平台规则。当然，更重要的是给平台一定的佣金或支付更多的广告投放费用，来获得在平台展示或更多次展示的机会。

比如，外卖商家在美团获得一个订单，需要给美团这个平台支付一定比例的佣金，淘宝卖家要想让自己的店铺有个好的排名，获得更多的曝光度，就得给平台支付额外的广告费。

但是，随着行业竞争白热化程度的加剧，很多门店的收入锐减，他们真的很难承担大额的营销费用。所以，为了减少对平台的依赖，也为了提高自己门店的投入产出比，更为了降低公域流量对重复流量的付费成本，很多商家渐渐意识到构建私域流量体系的重要性，明白了尽早搭建私域流量池是其提升抗风险能力和提高客户黏性的有效手段。

当商家盘活私域流量之后，他们便可以利用个人微信号高效触达用户，而且这些用户可以反复触达、反复利用，大大降低了商家的营销和获客成本，提升了他们的利润空间，从而为门店带来新的生机。

不过，需要注意的是，商家在构建私域流量体系的时候，一定要有留存和转化意识，搭建私域流量不是终极目的，如果大家只负责拉新，而缺少必要的运营和维护，那么后续就不会产生源源不断的收益。下面从三个方面教大家如何构建威力巨大的私域营销体系。

1. 搭建和拉新

构建私域流量的第一步是通过营销活动或者优质的内容将潜在用户吸引到自己的流量池里。一般来说，拉过来的用户通常用以下几个载体承接。

（1）微信号。微信作为当今时代的主流社交工具，其商业价值不容小觑。通过微信，我们可以将承载有营销活动信息的图片、文字、语音、视频等发送给客户，此外也可以发送一些干货内容给客户，以满足他们的需求，当然还可以在节假日送上礼物和祝福，拉近与客户的距离，与客户建立信任关系。

总而言之，微信是运营私域流量必要的工具之一。在利用微信与客户产生互动时，大家可以选择个人微信号或者企业微信号。不同的是，前者更注重社交功能，而后者则更注重管理；前者无法实现统一的数据管理，而后者可以管理多个账号，并且还可以做各种场景开发。

了解完微信号的重要作用之后，接下来就要认真设置个人头像、昵称、个性签名、背景页等。只有把控好这些细节问题，才能为将来的引流和客户留存打好信任的基础。

①个人头像。微信号的个人头像代表着经营者的形象。通常来说，头像建议大家用个人的照片，这样给人一种真实感和信任感。如果用与产品或服务相关的图片，就会显得营销意味太浓，不好拉新。如果用一些明星、动物或者卡通图片，则无法更好地获取用户的信任。

②昵称。给微信号起昵称，不要用生僻字，更不要附带有关产品或者服务信息，前者容易给用户带来错误的认知，后者会加强用户的戒备心，从而不利于后续的引流。那么什么样的昵称才是恰当合适的呢？记住一个原则：简单好记，不落俗套。另外，昵称还可以起得幽默诙谐一些，这样有利于加深用户的印象。

③个性签名。微信的个性签名也是让用户认识和了解你的一个重要渠道。为了给用户留下一个好的印象，在设置个性签名时，最好能凸显自己专业贴心的个人形象。

④背景页。用户一般对一些营销类的信息比较抵触，所以微信的背景页在引流前期，最好放一些生活化的图片。等到后期，沉淀了一定量的粉丝后，可替换成与产品或服务相关的图片。

微信号的基础信息设置完成之后，接下来就要考虑引流的事情了。通常来说，利用微信引流拉新的时候需要注意这样几个问题，否则账号很容易被举报而遭到封禁：一是在一个月以内，每周群发信息不能超过两次，否则会被视为营销号；二是不能使用第三方软件，否则被微信平台检测出来后会被封号；三是同质化的内容连续发一个月，会有被封号的风险；四是异地登录后主动或者被动地频繁添加好友，频发朋友圈，都属于违规操作；五是账号频繁被拉黑，且拉黑次数超过 30 次 / 月，会被视为骚扰或者涉黄，有封号的风险；六是频繁进行好友助力、加速、砍价等行为，或者转发未知的网站链接，也是不被允许的；七是短时间内向好友或者群发布大量的信息，被视为营销号，有可能被平台封禁；八是如果朋友圈被 100 人屏蔽，则有被永远封号的风险。

（2）公众号。微信公众号是开发者或商家在微信公众平台上申请的应用账号，是一种主流的线上线下微信互动营销方式。通过公众号，用户可在微信平台上实现同特定群体的文字、图片、语音、视频的全方位沟通和互动。

公众号具有很多优势：营销手段多、用户互动性强、信息传播速度快、目标用户精准等。商家可以在微信公众号上根据目标用户的需求，向他们持续输出有价值的信息，从而增加他们的忠诚度；也可以通过公众号向用户传递品牌信息，以此树立品牌形象；还可以及时地将产品或服务信息推送给用户，以此促成双方的交易；甚至可以借助公众号平台完成市场调研，了解客户的需求和喜好等。

（3）微信群。微信群是商家引流拓客的一个重要工具。在群里，商家可以向客户做有规律的价值输出，增强用户黏性；也可以在群里推广自家的产品或服务，以此建立品牌形象，实现变现的目的；还可以在微信群裂变出更多新用户，从而提高销售业绩。

以上就是搭建私域流量时需要用到的三个主要载体。有了这些强而有力的武器，商家的引流拓客就会变得方便很多。

2. 用户留存

顾名思义，拉来的用户能留下多少？用户留存率的高低，关系着商家的利润，因此一定要重视这个问题。那么对于商家来说，应该如何提升用户的留存率呢？首先，需要多想些手段和套路来吸引用户，留住用户；其次，要细化用户需求，通过差异化的需求，将用户分层，这样才能更好地为用户提供与他们相匹配的服务。当用户的满意度提升了，他们留下的概率就大了。

当然，关于用户留存的方式方法还有很多，在这里暂不作赘述，更详细的内容会在第七章阐述。

3. 用户转化

精准高效的用户转化是商家实现经济利益的关键所在。而要想提升用户的转化率，就要不断地提升自己产品和服务的质量，且保证产品和服务贴合用户的实际需求，同时业务流程精简高效，避免给用户带来不好的体验，进而降低他们购买的意图，等等。

以上就是搭建私域流量的大致流程和方向。值得注意的是，商家在搭建私域流量体系之后，不可能收到立竿见影的效果，即不会一下子就获得很高的收益。新拉来的用户出于本能的警惕心一般都不会一上来就乖乖自掏腰包，为产品和服务买单。这时商家千万不能急，而是应该沉下心做好与用户的沟通工作，以赢得用户的信任和好感，为促成交易打下基础。

为门店注入网红DNA

随着短视频平台的兴起，很多网红门店也进入了人们的视野。2018年，1314茶凭借抖音一条火爆的短视频成功出圈，仅四五个月的时间，便成功完成A轮融资，融资金额达2000万元；网红产品奈雪的茶仅仅用了两三年时间就在深圳开了40家门店，在全国开了60家门店，且每家店的顾客接待量达到千人以上，日均营业额最高达10万元。

那么，为什么这些网红店的成绩如此喜人呢？根植于这些店铺的成功DNA，我们是否可以学习和借鉴一二呢？答案当然是肯定的。下面我们总结几个网红门店共有的特性，来试分析一下它们火爆的原因。

1. 颜值高

什么样的门店称得上是"网红店"呢？首要的条件便是颜值。高颜值的门店是吸引众多客户前来消费的必要条件。奈雪的茶为了抓住客户的眼球，给客户一种好的购买体验，不惜花重金请了国内外的顶尖设计师。虽然它每个分店的装修风格不尽相同，但是核心基调都是舒适和温暖。

年轻的消费群体看到这些磨砂的玻璃体、弧线形的转角，以及精致的茶品，不自觉地想拍一个美美的合影。当然，这些自带滤镜的高颜值店铺在俘获少女心的同时，也狠狠地在大家的社交媒体上刷了一波存在感，其知名度和销售额也因为高颜值的加持而大幅提升。

2. 目标受众年轻化

通常来说，网红门店的目标人群都是年轻人。为什么会锁定这个年龄段的人群呢？首先，年轻人思想活跃，喜欢追求个性化的东西，另外年轻人接受新鲜事物的能力比较强，所以，网红店走进去就会给人一种年轻化的气息，不管是营销方式还是门店装修风格，抑或是产品的外观，都很符合年轻人的口味和审美。

3. 产品有个性、有创意

持续创新、打造差异化产品也是网红门店火爆的原因之一。年轻人的喜好不是一成不变的，所以网红门店的产品要想获得更多年轻人的喜爱，就一定要有创意，要给人耳目一新的感觉。

比如，网红1314茶就被人们称为"一杯会占卜的茶"，它将年轻人在意的几大情感诉求、图像识别技术和3D打印技术很好地融合在了一起。

年轻的消费者扫描到腰封上的一个关键词，然后围绕这个关键词问一个自己在乎的问题，比如"我能瘦下来吗？"茶盖上就会有相应的答案："不吃饱，哪有力气减肥。"这些答案有的细腻温暖，有的趣味性十足，还有的恶搞意味很浓。这种富有新意的营销方式一经推出，就受到了广大年轻人的推崇。

4. 生命力短

网红门店火爆的时候，虽然让其他门店望尘莫及、羡慕不已，但是其衰败的速度也比普通的店铺要快得多。在浏览新闻时，我们经常可以看到一些门店从开始的受万人追捧到一段时间后的冷冷清清的报道。这些门店衰败的原因，有饥饿营销的缘故，也有门店自身的问题，但不管什么原因，都有一个根本性的不足——缺乏持久的生长点。

就像陕西省社会科学院文化热点专家王晓勇所说的那样："持久的生长点需要打磨，只有讲诚信，讲质量和服务，才有持久的生命力，否则你光追求时尚，时尚它永远在更新，今天的时尚明天一定会落后。所以只有本着高质量、很好的服务含量和文化内容，才能有长久的生命力。"

俗话说："宁愿一个人吃一千回，也不要一千个人吃一回。"所以网红门店要想走出"寿命短"的怪圈，还需要经营者们提升自己的认知，不可盲目跟风，更不要试图仅依靠肤浅的装修，甚至刻意营造火爆抢购的假象等换来店铺的长久发展。只有重视产品和服务质量，给客户实实在在的好处，才能让自己的店铺摆脱昙花一现的命运。

提升客户的体验感是实体店制胜的绝招

随着互联网的不断发展，电商行业迅速崛起。而与此同时，实体店的生存空间也被不断挤压，随着市场份额不断萎缩，实体店在近年来也出现了"关门潮"。在此情形之下，很多人对实体店的前景很不看好，认为它一定会在网购的冲击下失去生存的能力。

其实这样的想法有点过度悲观了。在此起彼伏的"关店潮"中，有很大一部分门店关闭是因为自家经营不善或者没有及时升级转型造成的。而一些懂经营、善管理的品牌企业则不断根据市场的变化调整自身，早早布局，实现了快速扩张。

基于这些事实，实体店的消亡论调是不可信的。另外，与电商行业相比，实体店也有其不可替代的优势，比如实体店的产品可以给客户提供一种真实的体验，一件衣服的试穿效果如何、触感如何、颜色的深浅程度等只有在实体店才能得到及时的反馈；而在电商平台，即使产品介绍页设计得再详细，终究看不见、摸不着，在这里客户无法体会摸、闻、听、试的踏实感，也少了逛、品、寻、比、鉴的趣味。因此，实体店仍不可或缺。

而且，对于一些价格昂贵、功能复杂的产品，实体店也可以给顾客提供比在电商平台更详细、更深入的了解。另外，很多实体店都处于企业态购物体系中，因此，客户除了购物还可享受到美食、娱乐、游玩等其他服务。而这些，都是线上购物无法提供的。最后，实体门店的即时性也是电商无法比拟的。客户去门店下单，只要付款成功，即可享受产品的功能，省去中间物流环节，可以帮客户节约很多时间。

由此可见，实体店的市场潜力仍然是巨大的。就像上海市顾客保护委员会副秘书长唐健盛所说："逛街是一种生活方式、精神消费，不是落伍的休闲。"那么，作为一个门店的经营者，我们应该如何让实体店在竞争激烈的市场环境中突围呢？不可否认，提升客户的体验感是让实体店逆风翻盘的关键所在。

正如上文所述，实体店不可替代的优势在于它的体验感，因此实体店只要牢牢抓住这一点，将体验营销做到极致，那么一定会俘获客户的"芳心"。那么，落实到具体的行动上，商家应该做哪些方面的努力呢？

1. 抓住客户的痛点，打磨升级产品，优化客户体验

众所周知，产品质量的好坏直接影响着客户的体验感，也关系着门店的盈利。所以，在经营的过程中，商家首先重视的便是产品。

而一个受欢迎的产品，必须紧扣客户的需求，且产品应该随着客户不断变化的需求做升级调整，这样才能给客户带来一个良好的购物体验。

众所周知，吹风机不仅可以快速将我们的头发吹干，还可以帮助我们吹出很多时髦的发型。但是它给我们带来便利的同时，也会让头发变得更加毛糙，甚至分叉。很多客户看着自己吹过的头发越来越像干枯的稻草，心里很不是滋味。

面对客户新出现的这一痛点，某个品牌的商家就做了一次产品的升级和改造。他们在吹风机的出风口处设置了一个精油风嘴，这样护发的精油分子就可以在风力的作用下通过若干个小孔喷射出来，而发丝也能在精油的作用下变得滋润光滑、柔顺亮泽。

这款会养发的吹风机，在吹发的同时也在养发，一下子满足了客户的多重需求。而与此同时，商家也因为为客户解决了需求痛点而赚得盆满钵满。

上面的案例告诉我们一个道理：客户的痛点即卖点。作为一名理智的商家，面对客户的种种需求，这时要做的不是抱怨，而是不断地升级和改善产品，以此提升客户的购买体验，如此高销量、高收益便是一件水到渠成的事情了。

2. 用优质的服务，换客户真心的笑容

在整个销售环节，影响客户购物体验的因素除了产品的质量，还有店家服务的好坏。而为客户提供优质的服务，让客户感受到店家的尊重和专业，是每一位商家都应该做到的事情。

晚上八时，国美商城来了一位孕妇。她径直来到新飞冰箱的展台前，不停地观望着什么，可这个时候，新飞冰箱的导购员早就下班了。就在女人左顾右盼、不知所措之时，一位海尔冰箱的导购员走了过来，她热情地接待着女人："您好，欢迎光临，有什么可以帮助您的吗？"女人说她家正打算开一个饭店，所以想买一台冷柜。

海尔导购员正想耐心地询问女人需要什么尺寸的冰箱时，商城的下班铃声突然响了，接收到信号的商城员工们陆陆续续走出了店外。女人焦急地问导购员："你们是要下班了吗？"

导购员微笑地说道："没关系，买这么大件的东西，不能着急，您坐下来，我拿资料慢慢给您介绍。"接着她和收银台的人打好招呼，让她们多停留一会儿，然后返回来耐心地和女人交流着。

过了一会儿，女人选定了自己想要的冰箱，导购员帮女人填好小票，而且还贴心地帮助她去收银台结了账，取了赠品。

临别的时候，女人才知道这个导购员并不是新飞的，而是海尔的，这下她更加不好意思了。但是被耽搁很久的导购员脸上并没有一丝不悦，而且还贴心地为女人叫了一辆出租车，将她送回了家。

这是有关国美优质服务的一个案例。在这个案例里，导购员处处耐心、真诚地为客户的每一个需求负责，忧客户之所忧，急客户之所急，最后成功地在客户心里树立了一个好的品牌形象，也为后续的多次复购打下了良好的信任基础。

3. 营造场景氛围，为客户打造极致的体验

打开网上的购物平台，输入关键词"咖啡"，不同价位、不同品牌的咖啡便会映入眼帘，让人眼花缭乱，而且它们和实体店的咖啡相比，性价比更高一些。但就算是这样，它们依旧无法占领实体店的市场份额，这是为什么呢？

因为实体店可以给客户营造一种极致的消费氛围。温暖放松的爵士音乐，恬静、富有艺术气息的装饰风格，精致的咖啡器具等都给了客户一种浪漫、惬意的消费体验，因此就算花再多的钱，他们也愿意为这种美好的体验买单。

实体店是体验经济的最佳主体。作为一名实体店的经营者，应该抓住自身的优势，好好推进客户体验管理，充分调动客户各个器官的体验功能，强化客户的体验效果，这样才能增强客户黏性，亦才能在这个体验经济的时代充分发挥自身的先天优势，从而获得更多的订单。

做好战略营销是门店经营者必备的能力

在如今这个竞争激烈的市场环境中,同质化的产品已经让很多门店举步维艰,甚至面临关门的危机。而门店要想在困局中突围,最应该做的不是通过打价格战来不断压缩自己的利润空间,而是应该换个思路,从全局出发,制定一整套完整的战略营销策略,并积极执行,这样才能在竞争中获得更大的市场份额。

一般来说,完整的门店战略营销应该包括以下几个目标。

1. 做"爆品"的产品战略

爆品,顾名思义,就是指能引起消费者强烈反响的一个明星单品。它一出现就可以迅速吸引海量用户,为店铺带来巨大的流量。利用爆款产品,企业或者商铺可以获得巨额利润。

一般爆款产品只做一个,而且要做到第一。在打造爆款产品的时候,要么保证产品的质量足够好,可以秒杀同类竞品;要么确保其价格足够低,可以短时间内吸引大批流量,从而为变现打好基础;要么确保产品的性能有重大的突破,这样才能让其他竞争对手望尘莫及,进而无力在市场上与你角逐。

2014年，西贝莜面村推出了一款名为"张爷爷家原汁原味"的酸汤挂面。这款产品一经上市，迅速成为同类产品中的王者，仅两个月的时间就卖出了100多万碗。那么，它这么受欢迎，其核心竞争力是什么呢？

"面粉必须选用最贵的河套雪花粉，鸡蛋必须是圆的，老母鸡汤的熬制时间不得少于5个小时，西红柿必须经过发酵，上桌时面汤的理想温度得控制在57摄氏度。"这是西贝莜面村人对品质的严格把控。当然，也正是因为他们有了对产品品质的这种近乎偏执的追求，才使得这款产品一经上市就一骑绝尘，远远将其他同类产品甩在后面。

最后，需要提醒企业的是，酒香也怕巷子深，打造出来的爆款产品虽然有秒杀竞品的潜质，但是也不可太过大意，相关的营销活动必不可少。在做营销策划的时候，要根据产品的特点、目标客户、市场需求等选择合适的推广平台和方式，另外还要选择合适的契机，在必要的时候组织折扣促销活动。比如，上面提到的爆款产品"张爷爷家原汁原味"的酸汤挂面就是借助《舌尖上的中国2》这个美食节目的播出而一下火出圈的。

2. 做"粉丝"的用户战略

做好用户战略也是企业战略营销中的重要一环。粉丝和用户运营的核心在于：拉新—促活—留存—裂变。为了更好地挖掘粉丝的价值，企业首先需要熟练掌握用户的属性，包括他们的兴趣、需求、年龄、地域、收入、性别、文化程度等都是需要重点考虑的因素；其次，还要分析用户的行为，如他们喜欢浏览哪些内容、页面停留的时间长不长、收藏率和关注率怎么样、是否愿意分享转发等，通过这些便可清楚地了解用户的特性和喜好，从而为下一步的差异化服务以及更好地变现做好准备。当然，做好这一系列用户群体的数据分析不是一件简单的事情，在这个过程中，企业需要借助自家或网站统计工具，通过努力挖掘和对比数据，来完成更有效的统计。

3. 做"新媒体"的内容战略

在做企业战略营销的过程中，肯定少不了新媒体的助力。一般来说，新媒体分为以下几类。

（1）社交类：微信、微博、贴吧等；

（2）短视频类：快手、抖音、西瓜视频、视频号等；

（3）音频类：喜马拉雅、蜻蜓FM、荔枝FM等；

（4）自媒体类：公众号、百家号、大鱼号、搜狐号、头条号等。

（5）直播类：快手直播、视频号直播、抖音直播等。

在布局新媒体平台时，要根据企业的定位，选择合适的平台。另外，在选定的平台发布内容时，要保证内容优质、专业，并且能跟用户产生共鸣，这样才能吸引更多的粉丝。另外，发布的内容要契合粉丝的需求，即以用户为中心，而不应该以企业产品为中心，否则很难留住用户，也很难保证内容传播的速度和深度，当然更无法达成品牌推广、交易变现的目的。

4. 做"品牌"的市场战略

我们知道，任何品牌的传播都离不开适合它生存的文化母体。因此，在完成这个战略目标之前，企业要在文化母体的基础上创造一个品牌故事，然后通过品牌故事完成口碑的传播和提升。当然，企业也可以设置一些品牌体验场景，让用户加深对品牌的印象。

比如，某品牌就是利用了四种花形轩窗做其门店的形象墙，而且他们还将穿孔板的材料和室内的自然光线巧妙地融合在一起，给人一种若隐若现的水墨画的视觉冲击。这样美好的购物体验令客户难忘。

以上就是对企业战略营销目标的简单介绍。而要想完成好这几个战略目标，企业还可以借助开放参与节点、增加促销策略、设计互动方式、反复动销成交等战术的配合，来实现战略营销的成功，以让企业可以平稳持久地发展下去。

第二章

做好战略定位，
打造品牌门店，锁定更多客户

$

门店战略定位的三个关键点

在这个供大于求的时代,市场上同质化的产品已经让消费者看得眼花缭乱,那么门店怎么做才能让自己的产品迅速在同类产品中脱颖而出,成为客户争相抢购的对象呢?答案是为产品做好定位。只有实现定位的差异化,产品才能很快吸引客户的眼球。

比如,市场上饮料有千百种,而"王老吉"特立独行,将自己定位为一款"预防上火的饮料",这无疑解决了那些喜欢吃煎炸、香辣美食以及烧烤等但又害怕上火的消费者的一大痛点,所以"怕上火,就喝王老吉"这个广告宣传语一经打出,就让王老吉迅速实现了很高的销量。

再如,超市里的乳制品有很多种,但是"认养1头牛"品牌就以一句"奶牛养得好,牛奶才会好"的广告词突出重围,在竞争激烈的奶制品行业站稳了脚跟。这个品牌没有在"奶"上做文章,而是把重点放在了"牛"身上,这种富有新意的品牌定位方式成功地在消费者心中形成了差异化认知,使得它在很短的时间内便占领了很大的市场份额。

上面几个案例告诉我们一个道理:定位不对,一切白费。做好战略定位才是企业制胜的关键所在。如果企业一开始就没有进行正确的定位,那么其后续便会出现一系列低效甚至矛盾的经营策略。这不仅会浪费企业的宝贵资源，而且严重的甚至会将企业拖入生死存亡的边缘。所以，为了能够让企业有一个长久且稳定的发展前景，在创业之初企业就应该做好战略定位，具体来说，就是企业通过什么方式和途径为哪些客户提供什么产品和服务的决策。企业只有做好战略定位，才能获取和保持经营优势，实现公司战略目标。

一般来说，企业的战略定位主要包括以下三个方面的内容。

1. 目标客户定位

目标客户定位，是指企业成立之后打算为哪一类型的客户提供产品和服务，目标不同，所采取的营销、销售手段也不一样。企业在给目标客户定位的时候要找准客户群体，具体来说，可以根据客户的性别、年龄、兴趣爱好、消费能力、需求等方面进行筛选。

2. 产品定位

产品定位即企业要为目标客户提供什么样的产品和服务。艾里斯在《定位》中对产品定位有一个独特的解读："如何让你在潜在客户的心智中与众不同。"成功的产品定位并不在意产品本身，而是强调其在潜在客户心智中占领一个有价值的位置。

为了让产品形象在消费者头脑中具备优势，因此在给产品定位的时候需要挖掘客户的需求，比如，"充电5分钟，通话2小时"的OPPO手机挖掘出了客户手机耗电快、续航能力差的痛点，并满足了他们的这些需求，所以上市之后取得了很好的销售成绩。当然，产品定位除了要顾及客户，还需要与门店的人力、物力以及财力相匹配，否则后期无法保质保量地生产出预期的产品。

另外，产品定位的时候需要参考同行业的竞品，只有打造出差异化的产品和服务，才能减少竞争压力，才能更容易俘获消费者的心。

3. 商业模式定位

商业模式定位，即通过什么样的方式和途径为目标客户提供产品和服务。商业模式的定位决定了门店在各种内部流程中应该投入的为目标客户服务的资源。因此，在给商业模式定位的时候要围绕这样几个要素：客户关系、价值主张、销售通道、收益来源、合作伙伴、成本结构、核心资源、关键业务展开。

以上就是门店做战略定位时需要重视的几个关键要素。在展开这一系列定位活动时，门店最好走专业化的发展路线，不盲目多元化。因为一个门店团队资金有限、组织能力和技术能力也有限，一下子布局很多个领域，大概率很难逃出失败的命运。所以，当门店没有发展到一定的规模时，最好不要分散业务，只有形成资源合力，才能将门店的利益最大化。

第二章 做好战略定位，打造品牌门店，锁定更多客户

从招牌设计到VI设计，打造经营的差异化和唯一性

门店的战略定位完成之后，接下来要做的就是根据门店的定位打造自己独一无二的品牌形象。那么具体应该如何操作，才能让品牌具有差异化和唯一性，进而在市场竞争中脱颖而出，吸引更多的客户，以带来持续的盈利呢？我们不妨从以下两个方面着手。

1. 招牌设计

什么是招牌呢？MBA智库·百科是这样给它下的定义：招牌是指企业、事业单位和个体商户在其办公或者经营场所向外界设置与其他单位注册登记名称相符的标牌、匾额、指示牌。招牌一般是由文字和图案两个部分组成。招牌门店的一张脸面，直接关系着品牌的形象，所以在设计的时候一定要注意以下几点，才能让其更好地反映门店的文化内涵和品牌精神，从而更容易被客户识别和记忆。

（1）招牌内容要简明扼要。如果招牌的内容过于繁杂，很不利于客户识别、记忆、传播，所以一个成功的招牌首先就要求字数少，传递的信息简明扼要。其次，文字的字体不要太花哨，也不能太潦草，排版不能太凌乱，否则不仅会给客户带来视觉疲劳，而且还会增加认知上的难度。

当然，简明扼要的招牌并不意味着就要完全摒弃字体和色彩的多样性。有时为了彰显品牌的个性和突出招牌的美感，我们也可以采用不同字体的组合以及调整文字的风格、大小、明暗、颜色等。总之，只要保证整体的协调，给客户一种好的视觉体验，这些多样化的操作都是被允许的。

（2）招牌要反映门店的特色。如果一条街上，都装着颜色、字体、样式一模一样的匾额，那么很难体现出门店自身的特色。因此，为了摆脱同质化严重的现象，一些历史悠久的品牌店铺就可以通过设计传统匾额、楹联、铭牌等来介绍其起源、历史和经营特色，这样更有利于提升客户的信任度和好感度。

（3）招牌要引导客户。一家门店经营什么样的服务项目、供应的范围大致是什么等，都应在招牌里有所体现。比如"潮流女装""高档化妆品"等，这些字眼对于有这方面需求的客户来说，是一个很好的引导，他们可以不费吹灰之力一眼就锁定自己想要消费的地方。

（4）招牌要醒目，且令人难忘。一个优秀的招牌要推陈出新，给人一种过目不忘的感觉，这样才能吸引到更多的客户前来消费。为了达到这种效果，首先，门店可以根据自身的实际情况制作多种类型的招牌，如广告塔、壁面招牌、遮幕式招牌、横置招牌、立式招牌等；其次，可以设计朗朗上口的句子，便于客户记忆传播；最后，也可以将文字直接镶在装饰外墙上，或者采用木质、石材、金属等多种材质，又或者在夜晚安装上霓虹灯招牌。

总而言之，招牌作为一个店铺的象征，是传播品牌形象、扩大门店知名度的一种手段和工具。因此在设计招牌的时候要多花费心思，不管招牌的命名，还是材料的选择，抑或是招牌的设计和渲染，都要竭尽所能给人耳目一新的感觉，这样才能给客户带来很好的外观体验，增强其对客户的吸引力。

2. VI设计

什么是VI设计呢？VI设计是指从人的视觉角度出发，为企业或门店进行的包括企业标志、字体、图案、标语等元素在内的视觉形象设计。即用完整的视觉传达体系，将企业或门店理念、文化特质、服务内容、规范等抽象语意转换为具体的符号概念，塑造出独特的企业或门店形象。VI设计分为两大部分：基本要素系统和应用要素系统。其中基本要素系统主要包括企业名称、企业标志、标准字、标准色、象征图案、宣传口语、市场行销报告书等。应用要素系统主要包括办公事务用品、生产设备、建筑环境、产品包装、广告媒体、交通工具、衣着制服、旗帜、招牌、标志牌、橱窗、陈列展示等。

从VI设计的定义我们不难看出，VI设计是企业传播经营理念、建立企业知名度、塑造企业形象的一个重要工具。在进行VI设计的时候，要注意以下几点。

（1）具有很强的辨识度。企业的差异化和唯一性是企业在市场竞争中的一把"利器"。为了让客户对品牌产生独特的记忆，我们需要让整个VI设计具备独特的个性和强烈的视觉冲击力。具体来说，可以灵活搭配一些鲜艳的颜色，也可以将一些不同的符号元素巧妙结合，还可以将文字、图片和色块有效组合。总之，这些新颖独特的设计都可以让客户对门店品牌产生深刻的印象。

（2）保证工作严谨认真。因为VI设计代表了企业的整体形象，所以在设计的时候要严谨认真，一定要避免出现一些负面的联想和错误的联想，否则会给客户带来不好的感知。

（3）要具备全局意识。为了强化企业的某个主题和理念，在进行VI设计时需要用到多种设计方式和手段，这时就要求大家具备全局意识。当视觉系统呈现多样化的趋势时，不管采用什么样的色彩组合和什么样的结构都需要体现企业的系统化精神。

企业品牌形象的设计和客户对品牌的感受与认知息息相关。所以，不管是招牌设计，还是VI设计，都要认真严谨，打造出品牌的差异化和唯一性，这样才能让品牌在客户心中树立专业、靠谱、独特的形象，进而让门店在激烈的商业竞争中占据优势。

如何设置场景体验让用户数量快速增长

在做好企业战略定位之后，要根据企业的战略布局，打造品牌门店，从而锁定更多的客户。而为了达成这一目标，我们不妨利用实体门店独有的优势，打造各种体验场景。阿尔文·托夫勒在《未来的冲击》中写道：

"未来经济是一种体验经济,未来的生产者将是制造体验的人,体验制造商将成为经济的基本支柱之一。"因此,聪明的店家通常会设置如下几个场景,利用体验经济快速增加门店的用户数量。

1. 打造沉浸式使用场景

沉浸式使用场景即将产品或服务与具体的应用场景联系起来。很多时候,用户本来没有购买的打算,但是当商家为他们设置了一个极致的消费场景时,他们的购买欲一下子就被激发出来了。比如,宜家的商城里就为客户逼真地还原了他们日常生活的场景。走进这家商城,客户可以看到色彩明亮的印花床品和时尚实用的家具,这些东西将"卧室"打造成了温馨惬意的居所;一系列洁净明亮的橱柜让"厨房"变得焕然一新,瞬间激活客户在这里做饭的欲望;色彩柔和、纹理通直的书桌衬得"书房"美观大气、古色古香。当客户置身这些真实的样板场景中时,感官会大受刺激,心里会忍不住想:这些家具饰品要是能搬回家使用,那感觉一定棒极了!

2. 打造真实的消费场景

根据客户的需求和偏好,打造相应的场景,以激发他们的购买欲。Hamleys南京店就是一个营造消费场景的高手。它不同于一般的玩具店,反而更像是一个儿童乐园。在这里,商家每一层楼都设置了不同主题的玩乐场景,孩子可以在这些场景里尽情玩魔术、棋牌、看书甚至说话等。总之,每一款玩具都尽可能动态化展示,而且这里几乎覆盖了孩子喜欢的所有玩具类型。

3. 打造绝佳的营销场景

通过打造营销场景也能吸引到更多的客户。商家在利用营销场景吸引客户的时候，需要事先明确活动的目的，规划好活动的时间，做好人员安排和责任划分。另外，场景的布置也非常重要，硬件配置要从客户的需求和喜好出发，气氛的烘托也要十分到位，这样用户才能被商家所打造的营销氛围所吸引，从而积极参与其中。最后，营销场景中也要加入互动的环节，这样才能增进商家与客户的沟通，从而增强客户黏性。

商家在打造以上几种体验场景的时候，需要注意以下几个问题。

1. 具有可操作性

人们常说：理想很丰满，现实很骨感。有时候，头脑中设想的场景很唯美，很浪漫，但是到了真正执行的时候，却往往因为受阻于技术、资金等现实因素而难以呈现理想的效果。所以，在打造体验场景的时候一定要接地气，设想出来的东西要具有一定的可操作性。

2. 具备一定的吸引力

场景营销重在为客户打造极致的体验感，因此如果设计出来的场景没有吸引力，无法让客户在体验的过程中感受到舒适和快乐，那么就很难让客户与品牌产生长久的连接。

3. 容错性

打造一个好的体验场景是一件极其复杂的事情。如果设计场景没有容错性，不具备处理可能出现问题的能力，那么很有可能会给客户留下一个糟糕的印象，从而不利于品牌形象的树立。

总而言之，设置体验场景是为了刺激客户的五官和身心，让他们产生情感共鸣，从而促进其消费，实现商家销售的目的。为了更好地达成这一目的，商家在设计的时候需要紧扣当前场景下客户的需求和痛点，这样才能将客户的体验极致化。

如何通过装修设计增加客户的体验感，让门店销量翻十倍

一个门店在明确了定位后，接下来就要围绕自身的个性和特色做门店的装修和设计了。而门店装修、设计的好坏不仅关系着门店自身的形象，也关系着客户的体验，更关系着门店的销量，所以马虎不得。下面我们详细为大家介绍门店装修设计需要注意的几个关键点，只有做好这几点，才能更容易地提升客户对门店的体验感和认可度。

1. 做好装修前的准备

在装修门店之前，首先应全面复盘一下店外和店内的基本情况。比如，门店外的交通状况如何，周围的建筑风格如何，周围的环境怎样等。如果门店处在商业街，周围都是现代化的装修风格，那么门店装修也要和周围建筑风格保持一致，否则会显得格格不入，给客户留下一个不好的印象。其次，店内销售哪种类型的产品、门店的规模有多大、门店的特点和

优势是什么等因素都和装修息息相关。商家只有全面考虑到门店内外所有的问题，才能开始着手设计和装修，否则后续会有很多麻烦。

2. 突出自己的特色

在竞争同质化严重的今天，差异化才是门店最可靠的竞争筹码。那么如何体现自己的门店和他人门店的不同呢？先从装修风格开始说起。根据品牌的调性，你可以选择不同的装修风格，比如，简约风格、古典风格、时尚风格、酷炫风格、非主流风格、可爱风格、清新活泼风格、自然风格等。不同的装修风格可以为客户带来不同的购物体验，具体采用哪种风格，还要根据门店的自身情况而定。

比如，同样是服装店，如果卖的是时尚潮流的单品，那么门店的装修风格自然是要时尚气息浓一点；如果卖的是童装，那么门店要融合一些清新可爱的元素，这样才能更好地符合特定客户的审美。不过不管最后采取哪种风格，门店内的整体风格都要统一，这样才能给客户带来一种和谐愉悦的感官体验。另外，和谐统一、有辨识度的装修风格更容易被客户识别和记忆，从而在客户心中形成独特的品牌印象，因此装修时要引起重视。

3. 不要忽略门店装修的细节

费尔斯通公司的创始人哈维·费尔斯通说过这样一句话："成功是细节之子。"一个门店在装修的时候如果忽略了出入口、橱窗、室内布局等各个要点处的细节问题，那么后续很有可能带来多种隐患，也会降低客户的购买体验，从而影响门店的销量。因此，对于装修细节要格外注意。总的来说，要注意以下几个方面。

（1）出入口。门店的出入口至关重要，是驱动消费流的动力泵。如果设计得好可以让客户不留死角地浏览完全场产品；如果设计得不好，可能就会造成人流堵塞，或者视线死角，从而影响门店的销量。一般门店出入口要根据其规模、地理位置、商铺特点、客流量等设计。

如果门店的规模很大，占地面积很广，那么应该将出入口放在其中央位置，这样客户出入会很方便。但如果门店的经营面积很小，那就放在店面的左边或者右边，具体选择哪个方位还要根据行人的路线、周边的客流量、交通情况以及日光照射等情况决定。

确定了出入口的方位之后，还要选择出入口的类型。一般常见的类型有出入分开型、封闭型、半开型、全开型这几种。第一种类型，优势在于有效防盗，劣势在于可能给客户带来一定的不便；第二种类型，因为封闭所以门店内的产品大部分不容易被行人看见，但好处在于安全性比较高，所以这样的类型深受宝石、金银类门店老板的喜爱；第三种类型，适合服装、化妆品、装饰等门店使用，因为它可以依靠橱窗陈列的商品将外面的客户吸引进来；第四种类型，则是将面向马路的一边全面敞开，这样可以让路过的行人将店内的商品尽收眼底，从而增加客户到店率，但不足之处在于它很容易被周围的障碍物阻挡，所以选用的时候要慎重。

除了门店出入口的方位和类型，还要根据当地客流量的多少调整出入口大小。如果门店的入口不显眼，客户一下子注意不到，就需要在门口立一个醒目的标志，这样才能提升客户的进店率。另外，出入口如果有台阶或者滑坡，就需要做出必要的提醒，以免出现客人摔伤的情况。

（2）橱窗。橱窗是一个门店的"眼睛"，其装修成功与否直接关系到客户的进店率，因此马虎不得。在设计门店橱窗的时候，首先，其位置不能过高或者过低，否则无法和客户的视线持平，而橱窗里陈列的东西也无法尽收客户眼底，这样就无法吸引客户进店购买。其次，橱窗里面可以添加一些有创意的道具，这就给了客户一个驻足观赏的理由。比如，某个香水店的橱窗里就装了一个大大的鼻子模型，下面桌子上摆放了很多种不同颜色的香水，这种带有"小心机"的精心设计为门店和客户之间构建起奇妙的纽带。最后，在做橱窗设计时，还要考虑防水、防潮、防晒、防盗、防尘的问题，如果缺乏一些必要的保护措施，会给后续的经营留下麻烦。

（3）通风设备。门店内人来人往，一天要接纳大量的客人，如果装修时通风设备没有做好，店内污浊沉闷的空气会让客户感觉很不舒服，这种不好的体验会影响客户后续进店的次数。那么应该怎样加强通风系统的建设呢？一般门店会做自然通风系统，这样可以节省一些成本。当然，如果自然通风的模式无法满足店里空气净化的需求，商家也可以采用机械通风模式。

（4）照明。室内光线的明暗程度也影响着门店的氛围，关系着购物者的心情。一般来说，光线明快的地方可以让客户的心情豁然开朗，进而激发他们继续购物闲逛的欲望。反之，如果光线昏暗、照明不当，客户很容易就会被沉闷的氛围压得喘不上气来，从而加快离店的步伐。所以，在装修的时候，室内的照明设计尤其要重视，成功的照明设计，不仅可以改善店内员工的工作环境，提高他们的工作效率，还可以提升产品的陈列效果，更可以提升客户停留的时间，从而提高购买率。

（5）休息区。有一些门店需要设计一些休息区域。比如，售卖母婴产品或者中老年产品的门店，这些店里的人群比较特殊，他们的体力弱于常人，如果这个时候商家能贴心地准备休息的区域，那么一定比其他没有设休息区的门店更有吸引力。另外，客户在休息的过程中也能对门店里陈列的产品做更多的了解，这一定程度上提升了成交的概率。

（6）布局。店内的通道在设计的时候要保证平坦、笔直、宽敞，且比较明亮；收银台尽可能放在通道的尽头，这样客户可以将货架上的产品全部浏览完毕；入口处不要设太多分岔的地方，这样会增加客户选择的压力；货架的摆放要和客户的使用习惯相契合；等等。做好这些布局方面的细节，可以提升门店的销售业绩。

（7）室外装修。网络上有这样一句很流行的话："你的形象一定要走在能力的前面，不然你的能力很容易被低估。"同样的道理，一个店铺，即便售卖的产品再好，如果外部装修不够吸引人的话，也很难被路过的行人所了解。所以，广告牌、灯箱、电子闪示广告、招牌等室外装饰都是需要重点设计的对象。

以上就是门店装修时需要注意的几个关键点。商家在设计时要兼顾安全性、功能性、经济性、可行性，这样才能树立良好的门店形象，给客户一个好的购物感受，从而为他们购买创造更多的可能。

最后，提醒商家门店在做装修的时候，不要错过给门店宣传和曝光的机会。聪明的商家会在装修期间设计围挡布，布上印上门店的二维码、宣传文案，还有一些折扣优惠活动。这样既可以增加门店人气，还可以趁机锁定一批潜在客源，可谓一举两得。

第三章

实现门店现金流快速增长，
　　先从选址开始

$

门店选址前的三项准备工作

《菜根谭》里有这样一句话："三思而后行，谋定而后动。"这句话告诉我们，凡事要谋划准确周到后再去行动，这样才能做到万无一失。其实，给门店选址也是一样的道理。在选址之前，很多准备工作要做到位，这样在选址的时候才有据可依，从而避免出现前功尽弃的糟糕后果。

下面是门店选址前的三项准备工作，大家在创业时可参考一二。

1. 摸清大环境

在刚刚过去的两三年时间里，很多实体门店受到疫情的冲击纷纷倒闭，就算一些大的品牌门店也面临生死存亡的危机。由此可见，开店之前，摸清大环境非常重要，好的营商环境不仅可以为门店培育出长期的发展空间，提升门店竞争力，还可以改善人们的消费环境，从而促进门店业绩的提升。而不好的营商环境则让商家进退两难，一不小心就会背上一身债务。

那么，在开店之前，怎么考察营商环境的好坏呢？一般来说，营商环境可以从宏观和微观两个方面来分析。从宏观的方面看，政治环境、社会人文环境、技术环境、经济环境等都是影响门店盈利的关键要素；从微观方面来说，行业的竞争、创业赛道的前景、客户的观念、供应商选择等都是需要重点考量的对象。

只有确认营商环境良好，商家才能放心投资店铺，进而在选址上下一番功夫。反之，如果事先不权衡利弊，那么投出去的钱很可能会打水漂儿，甚至最后还会负债累累，得不偿失。

2. 对自己有清晰的认知

很多人出于生存的压力，迫切希望通过创业的方式逆天改命。殊不知，创业路上困难重重，就像人们说的那样："创业路上十死九伤。"其中的风险很多普通人都难以承受。所以，在决定选址之前，先分析一下自己的核心能力是什么，竞争优势在哪里，手里掌握了什么可用的资源，是否具备充足的创业资金、先进的技术、运营的经验、管理能力等，这些是你创业成功的核心要素。如果抛开这些关键要素不谈，只抱着一腔热血，或者单纯依靠情怀去创业，那么大概率是不会成功的。

3. 选址前做预算

在选址之前，要根据自己的经济承受能力作一个大概的估算。具体估算哪些费用呢？①预估营业额。它的计算公式是这样的：预估营业额＝有效人流 × 进店率 × 客单价。②租金。门店的租金跟其所在的地段、人流量、基础设施、交通环境等有很大的关系，至于具体应该卡在哪个范围合适，这可以根据自己的理想净利润判断。③装修费用。这个费用的多少跟门店的装修要求有直接的关系，不同的装修标准，需要花费的钱也不一样。④运营成本，即每个月需要支出多少，这个可以根据几项固定成本去推算。

俗话说，不打无准备之仗，方能让自己立于不败之地。门店的选址既关系着今后的盈利情况，又标志着创业的开端，所以在开店前商家一定要事先做好以上三项准备工作。

不可不知的六个门店选址误区

门店选址的好坏关系着其未来的发展。门店地址选得好，将来会有一个好的经营效益和发展前途；反之，如果选址出现失误，那么未来会面临无生意可做的风险。所以，不管是做哪个领域的生意，不管开多大规模的门店，选址都一定要慎之又慎。下面几个常见的选址误区，大家一定要注意避开，否则很有可能带来不必要的经济损失。

1. 抢占黄金地段

很多人认为门店身处城市的黄金地段，就意味着可以获得超多的流量，就拥有了广阔的商业前景。其实这样的认知是错误的。有些地方看似川流不息、车水马龙，但是没有你需要的目标群体，所以就算占着黄金位置，生意也达不到理想的状态。

2. 专门挑选租金最便宜的地段

房租的价格不是选择门店位置时首要考虑的因素。有些门店因为租金很便宜，所以位置很偏僻，平时没有多少流量，商家要卖出去一件东西很困难。还有一些商城或者超市，在新开业的时候经常以很便宜的价格招租，很多商家被低价吸引，一猛子扎进去，结果商场的客流量上不去，但是同类型的门店却很多，导致竞争压力相当大，最后不得不关门倒闭。

所以，不管你从事的是哪个行业，客流量和曝光率都是门店生存和发展的法宝，这两方面如果达不到要求，那么即使你所卖的产品或服务知名度再高，竞争优势再明显，也不会有好的经济效益。

3. 选址一定要"抱大腿"，靠近大品牌更安心

很多商家一直信奉"背靠大树好乘凉"的准则，认为选址就要紧靠大品牌，这样可以利用它的流量带动自己的生意。这样做有一定的道理，但前提是你的产品与对方的产品有一定的关联性，且能互补。比如，你是卖母婴产品的，那么你可以选择和一家知名的婴儿服装品牌店做邻居，这样你们有共同的目标群体，它的大流量可以助力你的门店。但如果你选择靠近一家时尚品牌门店，那么你的门店肯定无法借对方的势，因为它服务的人群跟你的客户群体没有太多的交集。

所以，选址一定要抱品牌的大腿，这是一个错误的认知。只有选对了产品和品牌，商家才能从中获益；如果选错了品牌，则很有可能亏得一塌糊涂。

4. 选择小区密集的地方开店

有些商家意识到客流量的重要性，于是专门挑选小区集中的地方开店。其实这也是一种错误的认知。首先，小区密集的地方并不意味着该区域的人流量就大，有些小区入住率并不高，所以客户的数量也并没有预想

的那么多。其次，小区密集的地方就算人流量大，但其消费能力也未必很强。比如，一些游泳健身的门店、高端的化妆品店、奢侈的服装品牌店等就不适合开在人群密集但消费能力差的低端小区附近。

5. 选门店只注重人流量，不用在意细节

有人觉得，有了流量就抓住了财运。其实这是一个错误的想法。很多时候，大方向把握好了，但是细节问题依旧不能忽略，否则会影响门店正常运行。比如，有个餐饮店的老板，在开店的时候选了临街旺铺，但是正式投入运营的时候发现店铺内没有煤气接入口，也没有烟道，这导致他的餐饮店迟迟无法开业。如果后期这些问题无法处理，那么前期投入的资金都要打水漂儿。

6. 转让的门店绝对不能碰

很多人碰到转让的门店都会心生芥蒂，他们觉得这个位置要是好且能够持续盈利的话，原来的商家也不会转让。而且在转让的过程中，还会面临债务交割不清的困扰，或者房东随时收回出租权的风险等。这样的顾虑不无道理，但是转让的门店也未必全部都不能接手，具体问题还得具体分析。

在接手门店的时候一定要搞清楚商家转让的真实原因，是商家自身的经营出了问题，还是房东要涨租。了解完原因之后，如果门店的地段适合你从事的商业行为，那就要接着考虑店面的有效使用年限、转让费、租金是否合理等。接手转让门店的注意事项颇多，只有等所有的问题全部落实，才能放心入手经营。

以上就是常见的几种选址误区。大家在为门店选择位置的时候一定要注意避开这些雷区，将所选的位置进行全面合理的衡量，一来可以避免经济损失，二来能够让门店存活的时间更长，盈利的周期更长。

掌握这八个基本流程，门店选址不用愁

经营过实体店的人都知道，门店地理位置的好坏关系着门店客流量的多少，也关系着商品销售额的多少。换句话说，门店选择在什么样的位置，就决定了你会有什么样的"钱途"。门店选址成功，意味着门店就先赢了一半。

既然门店选址如此重要，那么我们在选址的时候应该注意什么呢？有哪些方法和步骤可以快速帮助我们选到合适的店铺？下面介绍的八个流程可以作为参考。

1.给自己的门店定位

根据不同的划分标准，门店可以有不同的定位。比如，一家连锁门店可以根据不同的需求分为测试店、标准店、形象店、旗舰店；再如，根据门店的行业属性可以分为服装店、餐饮店、广告店、旅游店、零售店等。不同类型的门店，选址的要求也不一样。所以，在选址之前先给自己的门店做一个准确的定位，然后根据门店定位、预备资金、客户属性等给门店

选择合适的位置。

2. 制定选址的原则

开一间门店，并不是一件简单的事情。在这中间会涉及很多的环节，如果我们在选址的过程中忽略了某个环节，后续可能会带来无穷的麻烦，轻则浪费财力和精力，重则倒闭关门、一身负债。

所以，为了避免出现这些糟糕的情况，我们在选址之前一定要根据门店的属性制定相应的原则。比如，你打算开一个餐馆，那么餐饮行业有哪些特殊的需求？哪些原则是必须遵守的？再如，餐饮店必须开在聚客点，而且餐饮的品类还必须符合客源属性，小学生多的地方就开炸鸡和汉堡店，工人聚集的地方就开面食和盖浇饭馆等。这些原则一定要提前设定好，而且设定得越详细越好，这样才能大大提升开店的成功率。

3. 确定选址范围

门店选在什么样的城市，要根据其总体规划而定。在确定了具体的城市之后，接下来就要考虑门店开在什么样的商圈。

所谓的商圈，是指门店以其所在地点为中心，沿着一定的方向和距离扩展，吸引客户的辐射范围，简而言之，就是来店客户所居住的区域范围。一般按照商圈的性质，可以将它们分为住宅区、商业区、交通区、金融区、娱乐区、景点区等。开店的时候，需要根据经营的类目、商圈内目标群体的数量，以及他们的流动路线、购买能力来综合定位商圈。

4. 开展全面的市场调研

在确定了商圈之后，商家接下来要做的就是开展市场调研。它是选址过程中不可忽略的一个重要环节，通过市场调研，商家可以准确地获得与开店相关的信息，从而为成功营业奠定良好的基础。那么具体的调查内容包括哪些呢？

（1）了解商圈的客户。一般商圈内的客户分为常住人口和流动人口两类。前者我们可以通过与居委会、学校等合作了解，当然也可以通过委托专业的人员上门展开问卷调查。不过，在调查和了解的过程中记得赠送一些小礼品，这样才更容易使这项工作顺利完成。而后者可以通过几个专业的人员在指定的店址进行全天候的测试获得。在测试的过程中，需要记录人员的年龄结构，估算平均人流流动的数量，预估不同年龄层可能的客单价、估算店铺的营业额以及入店的概率等。

（2）掌握竞争对手的信息。《孙子兵法·谋攻篇》有这样一句话："知彼知己，百战不殆；不知彼而知己，一胜一负；不知彼不知己，每战必败。"所以，调查商圈内的竞争对手也是市场调研中至关重要的一环。在此过程中，我们需要了解某个商圈内同行业门店的数量、规模，以及他们的优势和弱点，只有了解了这些，才能知道这个商圈内的某个类型的门店是属于饱和还是过少的状态。只有了解了这些，才能确定这个商圈内的消费者是否还需要某个特定的产品或服务，以及门店扎根于此后，成功的概率究竟有多大。

（3）熟悉周围的配套设施。一般来说，周围的配套设施的多少影响着门店客流量的大小。周围公交站、地铁站、商场、医院、公园等都是客户集中的地方，通过对这些地方的了解，可以清楚地了解客户的一些详细数据。

5. 划定商圈的范围

商圈范围，即客户可能前来门店购物的影响区域。一般来说，商圈范围的大小受门店经营形式、商品种类、规模、周边竞争情况和交通状况等因素的影响而没有一个固定的答案。不过，这也并不意味着它的大小无法确定。一般来说，传统的划定方法有个10分钟理论，即从客户的出发地点到达客户消费的场所，在路上花费的时间为10分钟之内。采用不同的交通工具，又可以将商圈划分为不同的层次：步行10分钟、自行车10分钟、开车10分钟。根据这个理论，可以大致推算出某个商圈的大小范围。不过商圈的大小受很多因素的制约，具体可以根据其他门店发放宣传海报的范围推断，也可以通过售后服务登记、客户意向征询等方式获得。

6. 确定具体的位置

门店的大体位置确定之后，就需要确定它的具体位置。一般来说，在同样一条道路上，建议大家将门店开在人流右侧的上游，因为人们的走路习惯是往右行走，且上游更容易将客户截住。另外，在同一个小区门口开店，早餐店适合开在上班人流的右侧，这样可以顺带接触到更多有就餐需求的客户，而烧烤店则适合开在下班人流的右侧，这样人们下班回去顺带着就光顾了你的门店。

另外，在确定具体位置时，要避开各种障碍物，比如河流、封闭的绿化带、湖泊等，这些障碍物的存在在一定程度上降低了店铺的可见性和易达性，从而流失了一定的客源，影响了门店的生意。

7. 和房东谈判

在确定了具体的位置之后，接下来要做的就是和出租方谈判。在谈判的过程中，双方要本着互利共赢的原则展开。具体租金可参考周围店铺，有了大致的参考标准，就不容易跳进房东提前设好的价格陷阱。另外，如果周围近期有工程施工影响门店生意，也可以适当争取一些价格优惠。此外，一些基础设施的修复、拆建的费用、责任归属等也是谈判中重要考虑的因素，因为这些都关系到商家的基本利益。

8. 签订合同

在签订合同之前，一定要调查好门店的产权，确定房屋的用途和土地的用途，这样才不会导致后期人力和财力的损失。另外，还要检查承租的门店是否存在拖欠税费、水费、电费等行为，门店短时间内是否有拆迁的可能。如果有些情况无法确定，商家是否可以在租赁合同里添加一些免责声明，这样在解约的时候可以免于承担违约责任。总之，租赁合同涉及的金额巨大，年限较长，相关的条款一定要认真审阅，细心核对，这样才能保证以后不会让自己陷入被动的局面。

以上就是门店选址的八个必要的流程。完成这些流程后，门店基本就可以确定下来。接着商家便可以按照计划设计、装修、招人、培训、开业、盈利，一步步实现自己的财富梦了。

选址时心中有"数",手中才有富

随着大数据技术的迅猛发展和智能算法的广泛应用,如今商家的选址已经从"盲选"过渡到"精选"。从前,在选址的时候统计到的数据只是宏观的,商家得到一个大体的反馈,而如今通过大数据可以精准地反映微观情况。这种大的转变让现在的商家开店选址时的工作变得更加简单、高效和科学。

就拿阿里巴巴举例,它能收集到7亿用户的全域数据,这些数据可以反映客户的偏好和需求,也可以反映客户的年龄、性别,更能传递出竞争对手的数量,以及周围交通设施情况等。有了这些数据的支持,他们就可以精准地为自己旗下的盒马鲜生选到非常合适的位置,而盒马鲜生也因为阿里大数据的助力大大节约了人力和时间成本,而且投入运营之后,高效精准地匹配到客户的需求,轻轻松松就赚得盆满钵满。

这个案例告诉我们,商家在选址的时候一定要心中有"数",只有借助大数据这个高效率的工具,才能避免高成本的浪费,保证后续经营的顺畅有效。那么,在选址的过程中,商家需要掌握哪些数据指标呢?下面介绍几个与选址相关的核心要素。

1. 人口数据

我们知道选址时首先考虑的核心要素是人，门店周围的人口数量越多，商品或服务出去的概率就越大。比如，某个区域的常住人口数量以及热力分布图显示为：总的人口数量是760.7万，常住人口达到350.2万，到访客流达到410.5万，这就说明这个区域的常住人口占比很高，该区域人口密度也很大，社会经济发展水平比较高。这样的地方往往商业机会很多，如果在这里做生意，能够吸引到更多的客户前来购买。

2. 客群画像数据

某个区域的人口数量多，基数大，并不意味着该区域的消费购买力就强。所以，能不能在这个区域选址还要看该区域的客群画像，具体来说就是分析该区域特定群体的基本信息，包括年龄、性别、受教育程度、职业、婚姻状况、收入水平、消费习惯等。

根据大数据的反馈，如果该区域18~25岁的年轻人占72%，那么该区域适合开展一些和时尚、娱乐有关的项目，因为这类人有一定的消费能力，且他们对新鲜事物没有抵抗力，容易对新奇的产品和服务产生强烈的购买冲动。反之，如果该区域三四十岁的中年已婚人士占比较大，那么该区域适合售卖经济实用型的产品。因此，如果你是这类产品的经营者，那么在这里扎根是一个不错的选择。

如果该区域内的年轻女性占比达到65%，那么说明这个区域女性消费者多，适合开女装店、化妆品店、美甲店、装饰品店等。反之，如果年轻男性的占比更高的话，那么更适合开烟酒店、酒吧、运动品牌型鞋店等。

如果该区域人群的赚钱能力比较强，月收入达万元以上，那么在该区域开一些售卖高档产品或服务的门店，就不愁没有生意可做。比如，旅游、瑜伽、教育、健身、珠宝等。因为这些人已经过了"尝鲜"的阶段，为了彰显自己的社会地位，早已养成精品化、个性化的消费习惯。

另外，人们的消费场景偏好、消费渠道、消费频次也是商家重点关注的因素。如果该区域的人们在餐饮和零售两个区域消费的占比较大，达到百分之三四十，那么说明他们对生活质量的要求比较高，这类人通常会有稳定的消费习惯，经常去商场购物、下餐馆满足自己多样化的味蕾需求，有较强的支付能力，所以在这类人群中开一个档次高点的餐饮店也是一个很好的选择。

总之，门店售卖的产品要符合客群的消费水平和消费习惯，这样门店才能有更好的销量。如果在选址时忽略了这些数据，那么将很难精准匹配到潜在的目标人群，后续变现也会变得非常困难。

3. 小区房产数据

如果你想在住宅区开一个门店，那么就要好好研究一下周边小区的数量以及小区内住户的数量。另外，这些小区的平均房价也是重点关注的因素，因为它可以直接反映该区域客户的经济能力。这些数据都跟门店将来的盈利状况密切相关，因此一定要认真分析。

4. 周边配套设施数据

周边配套设施的多少也影响着客户的数量。周围配套设施越齐全，所能聚拢的潜在目标客户就越多，吸引的精准客户也就越多。所以，在选址的时候，我们可以根据热力分布图统计周边医院、商铺、学校、写字楼、公交站、地铁站、停车场等数量。统计这些数据可以帮助商家看清周边的业态种类竞争环境，还能助力商家准确判断人均客流量，提高开店成功率。

以上就是商家选址时需要注意的几个核心要素，这些要素背后的关键数据可以帮助商家实现门店选址的智能化。而要想获得这些大数据，可以通过"边界猎手"、阿拉丁智店"慧选址"、阿里智能选址、商圈秀、腾讯智能选址等平台获得。这些平台汇聚了很多高质量的数据，通过对这些关键数据指标进行分析和对比，可以帮助商家准确把握市场，及时占领商机，避免盲目和冲动投资。

人气爆棚的网红店应该开在哪里

如今是一个网红经济盛行的时代，据中研普华产业研究院出版的《2022—2027年中国网红经济行业市场全景调研与发展前景预测报告》统计分析显示：预计2023年中国网红经济市场规模有望达到12 012亿元。很多商家看着这诱人的数字，也准备跻身网红行业，开一家网红门店，在利润丰厚的市场环境中分一杯羹。而一个网红门店的老板要想实现财富梦想，首先就要选好门店位置，这样门店的未来才更光明。

下面介绍几个网红门店选址的技巧和策略。

1. 根据自己的经济能力灵活选择

一般来说，创业者的经济承受能力很大程度上决定了门店的位置。如果资金充足，那么可以选择一、二线城市的核心商圈，这些地方年轻人占比高，客流量基数大，消费能力强，所以投入的资金可以快速回笼，后续还会有不错的收益。赢商网曝出的一张网红地图就足以说明这一点。在这张地图上，上海的陆家嘴商圈、五角场商圈、徐家汇商圈、南京西路、中山公园、新天地商圈、南京东路商圈等核心地段就聚集了多家网红餐饮店，比如奈雪の茶、喜茶、LELECHA乐乐茶、太二酸菜鱼、鹿角巷等。这些网红餐饮店整体呈现出一种中心区域密集、外围稀疏的分布状态。

如果你是创业的萌新，手头没有多余的资金，那么不妨选择二、三线城市位置好的店铺，这样做的目的，一来可以避开强大的竞争压力，二来二、三线商圈流量大、位置好，更容易胜出，而且更重要的是这些地段相对来讲，资金占用量小，可以缓解商家的租金压力。

2. 选择交通便捷、客流量大的地段

交通和客流量是选址时必须考虑的两个重要因素。一个门店所处的位置，交通越便捷、人流量越大，那么它所连接的潜在客户就越多，盈利的空间就越大。网红进口食品商超卡塔利亚就是凭借着这两点选址秘籍收获大批客户的，而它每年的盈利状况也相当可观。

3. 看产品的受众人群

除了交通和人流量之外，产品的受众也是门店选址时要慎重考虑的一个因素。如果商家的目标群体是一群年轻人，那么就应该选择一个年轻人占比很高的地方经营，这样成交量才会有保证。反之，如果商家不注重这一点，那么即使门店门口的人群川流不息，也永远等不到出单的机会。

4. 看当地的文化环境

有些位置即使交通便利，人流密集，也不能作为网红店的首选。因为当地的社会风尚、文化氛围、价值观念、宗教信仰、消费习惯等种种因素，都有可能让网红店丧失其生存的土壤。如果不考虑到这些因素，那么开店必然会遭受很大的损失。

5. 选择规模较大，且比较显眼的地方

一般来说，网红店是一个追求个性和品位的地方。如果商家的门店外观比较奇特，那么在装修的时候更容易有发挥的空间，也更容易吸引众人的眼球。另外，网红店火爆之后，还要考虑车辆停放的问题，这个时候，拥有一个占地面积大的商铺便成为必要的选择。这些都是商家在选址时要超前考虑的关键问题。

6. 借助地力，蹭位置流量

如果商家的店铺距离万达广场很近，那么就可以给门店命名为××万达店，这样客户在网络上搜索的时候就会很容易搜到。这种蹭商圈流量的方法也值得准备开店的商家借鉴。

总而言之，网红店的位置决定了它生意的命运，因此商家在选址时需

要谨慎小心，不可一味按照传统的选址方法展开，否则很容易将门店带入死胡同。当然也不必因为害怕激烈的竞争而选择不好的位置。其实网红店扎堆并不可怕，在创业的过程中，大家只要实现差异化经营，便可取得不错的销售业绩。

第四章

学会领导团队，
让团队自动自发地工作

与时俱进，培养员工六大能力，
让其成为优秀的带货主播

千军易得，一将难求。企业要想获得一个真正优秀的带货主播，并非一件易事。作为商家，在培养带货主播的能力时，不妨从以下六个方面着手。

1. 积极进取的心态

一个带货主播的精神面貌跟其业绩有直接的关联。如果主播在给客户介绍产品的时候精神萎靡，说话有气无力或者态度漠然神情呆滞，那么根本留不住客户。所以，培养他们积极进取的心态是解决问题的关键所在。

那么一个富有激情、状态极佳的销售员应该是什么样子的呢？首先，他应该有主动出击的意识。面对走进直播间的潜在客户，仅介绍产品的质量、性能、价格是远远不够的。一般来说，聪明的领导在培训员工的时候，会让他们保持敏锐的洞察力，通过细节挖掘潜在客户的需求，并适时诱导，这样才能创造出更多的成交机会。比如，直播间进来一个客户，向主播咨询一条裙子，这个时候，主播就可以趁机将店铺里和裙子配套的衬衣推荐给她，并告诉她，有了这一整套衣服，每次出门就不用为衣服的搭配烦恼，而且上班通勤的时候，穿上这一套衣服既舒适，又显气质，很有职场白领的范儿。这样主动出击的话术无形中会激发客户的需求，增加其消费的概率，从而提升门店的订单量。

另外，当客户提出疑惑或者顾虑的时候，带货主播一定要及时且有礼貌地回复客户。当客户需要反复比对衣服的款式、颜色时，主播也要不厌其烦地为其试穿和介绍。这样热情友好的态度更能博得客户的好感，也更容易提升门店的成交率。

2. 专业素养

保持专业性是一位优秀的带货主播必备的职业素养。一个主播的专业素养越高，就越容易和客户建立起信任的桥梁，双方成交的机会也会更大。那么我们在培养一支专业的员工队伍时，应该从哪几个方面入手呢？

（1）主播的形象要讲究，不管是穿着打扮，还是言谈举止，都不可太过随意，否则就无法获得客户的信任和认可。

（2）主播要有一定的专业储备知识，比如，他要对橱窗内所有商品的功能、特点、优势、适用范围、价格、使用方法等信息熟练掌握；还要对行业的发展趋势、竞品的相关信息、市场环境等了如指掌，这样才能在必要的时候给客户提供更加客观、全面的建议。

（3）主播必须具备良好的沟通能力和解决问题的能力。当客户面对晦涩难懂的专业知识时，主播需要用通俗易懂的话给客户解释清楚；当客户在购买产品的过程中遇到难题时主播需要及时给出解决方案，这样才能做好客户的专业辅导顾问，获得客户的认可，进而提升产品销量。

3. 识人辨人的能力

在推销产品的过程中，主播们会接触到各式各样的客户，有的性格犹犹豫豫，举棋不定，不知道对眼前的产品该不该下手；有的很挑剔，对任何问题都吹毛求疵；还有的一进直播间就保持沉默，极少反馈自己的意见和想法等。不同类型的客户有不同的应对之策，主播要做的事情就是观察和分析客户，然后根据他们不同的性格和表现做出不同的应对之策。

4. 打造独特的风格

在娱乐圈，有一个很常见的词叫"人设"。那么何为"人设"呢？即角色设定，具体是指对人物的特定方面的设计、指定，是一种刻意呈现出来的形象。那么，明星为什么热衷于打造人设呢？真实的他们难道真的是学霸、吃货、暖男、高冷吗？答案是未必。其实他们树立人设无非就是想依靠鲜明的个性给大家留下深刻的印象。同样的道理，在直播领域，卖同类产品的主播多如牛毛，客户看得眼花缭乱，根本无法对某个品牌或者某个主播产生固有的且深刻的印象。这个时候，为主播打造一个独特的风格是一件很有必要的事情。一般来说，主播的风格越明显，吸粉和固粉能力越强。

那么，作为一个带货主播，打造什么样的人设才更讨人喜欢呢？这个不能一概而论。具体来说，要根据主播个人的特色、粉丝的画像以及产品属性等综合考虑。比如，主播本身是一个温文尔雅的女孩，你非要逼着她扮妩媚、装高冷，那就着实有点难为她了。另外，主播的人设也要符合粉丝群体的审美和喜好，如果大家不接受主播的妆容、着装、言行举止，那么也不会为你的产品买单。最后，主播的风格也要根据产品的属性做调整。比如，你卖的是古色古韵的汉服，那么主播自然要有端庄典雅的气质，这样两者才能互相映衬、相得益彰，否则会给人一种画虎不成反类犬的既视感。

5. 随机应变的能力

在卖货的过程中，很有可能因为一些突发状况导致直播间出现大型翻车现场，比如，直播间被人带节奏，导致众人的注意力无法集中在产品上；系统出现问题，小黄车挂不上产品；直播间人数骤减，无人与主播互动；发放福袋时因为审核延时，无法给大家准点发放……当直播间突然出现这些状况时，主播一定要有随机应变的能力，否则会破坏客户的好感度，从而使产品的销量达不到理想的程度。

而要提升主播随机应变的能力，最直接的方法就是提前设想好可能出现的状况，并记住各种应变的策略，比如，直播间突然涌入很多人，这个时候主播可以这样说："刚进来的朋友们，我们直播间的福利款马上就要上车了，大家准备好拼手速，我们等着开抢！"只有事前做好充分的准备，到时候才能沉着冷静地应对。

6. 强大的心理承受能力

作为一名带货主播，面对的客户素质参差不齐。客户有时会因为你的长相而口出恶言，有时会因为不认同你的观念而群起围攻，有时会因为不满意收到的产品而在直播间谩骂，等等。互联网头号主播董宇辉在成名之初经常听到这样的话："这个男主播长得也太寒碜了，都看不下去。""老师怎么长成这样子？""你就不能睁开眼睛和咱说话吗？"面对大家的批评和质疑，董宇辉一度非常自卑："只要我不往镜子前面站，我一般就不怎么自卑。但是尴尬的是，每天早上洗脸都得自卑一次。"不过好在后来他努力调整好了自己的心态，凭借着自身的幽默和才气征服了全网用户。

带货主播本质上就是一个销售员，他每天面对的是形形色色的客户，所以，如果他有一颗玻璃心，那么将永远无法胜任这份富有挑战性的工作。作为商家，在雇用主播时就要给他们讲清楚做这一行可能要面临的委屈和压力，给他们做好心理建设，让他们有充足的心理准备，这样才能最大可能地招募到优秀主播并让其留下。

培养优秀的带货主播，是门店实现盈利的关键。因此商家在孵化主播时可以参考以上几点建议，来帮助主播快速成长为一名优秀的带货人员，从而为门店拥有好的销售业绩打下基础。

流程化管理锁住优秀人才

中国有一句古话叫"君闲臣忙国必兴,君忙臣闲国必衰"。这句话告诉我们,一个团队要想成功,必须拥有一套科学、合理的管理流程来对不同层次的人进行合理分工。但在现实中,很多门店的老板或管理者都缺乏这样的意识,更没有建立起必要的管理流程,这就导致门店内部出现人员分工不合理、人员流动性大等问题,进而使得门店的经营销售业绩受到影响。

为了能锁住优秀人才,提升门店的市场反应速度,加快其自身的发展,制定一套科学合理的管理流程是必需的。那么具体来说,应该如何着手去做呢?

1. 构建人才发展通道

优秀人才在引进之后,就需要根据他的能力和优势派发一些合适的工作任务,让他在自己合适的岗位上实现自我价值,这样他才能自得其乐,没有怀才不遇的苦恼,也没有不被重视的委屈。当然,门店除了给员工提供一个充分展示才华的舞台之外,还要给他今后的发展提供一个公平合理的上升通道,这样才能激励员工不断提升自己,也能提高他留在门店的意愿。

2. 批量复制人才

一个好的管理流程不仅可以帮助门店提高运行效率，还可以帮助门店批量复制人才，从而摆脱员工不足的困扰。具体如何做呢？首先是要吸收一部分优秀的人才，然后萃取他们优秀的实践，并将这些实践流程化，再以此建立起优秀的流程，来帮助门店复制更多优秀的人才。

3. 打造一个有松弛、愉悦、风清气正的工作环境

有些门店由于管理者脾气暴躁，喜欢苛责员工，使得上班时店内气氛紧张，员工们整天提心吊胆，生怕一个不小心就挨骂，不敢真实表达自己，不敢和同事愉快地交流，甚至不敢露笑脸，时间久了员工心生疲累，萌生离职之心，这样的门店在各方面都不会好；还有的门店的商家或管理者热衷于搞小团体，拉帮结派，搞内斗，使得店内人员间内耗严重，气氛沉重，员工没心思上班，每时每刻都怕自己站错队，跟错人，久之人心涣散，风气不正，这样的门店不仅业绩差，而且人员更换频繁，犹如驿站。因此，这就要求商家或门店管理者自己要有正直的人品和积极向上的生活、工作理念，能够带领员工努力工作，为门店打造一个轻松愉悦、生气勃勃、风清气正的工作环境，让门店员工内心松弛快乐，充满干劲，如此不愁门店业绩不好。

4. 建立一套合理的薪资报酬制度

优秀的员工离职，很大一部分原因是对薪资不满意，尤其是当门店存在论资排辈，不以绩效作为考核的标准时，有能力的员工内心根本没有奋

斗的动力。所以，应该建立起一套以绩效为导向的合理的薪资报酬制度。另外，员工的去留在某种程度上和其直属上司有一定的关联，所以，优秀员工的留存率应该跟该直属上司的奖金联系在一起，这样才能让主管们承担起更多的责任。

5. 及时给予表扬和肯定

赞美是一种成本低、高回报的人际交往法宝。作为一个门店的管理者，可以灵活运用这项技巧，来激励那些做出突出贡献的员工。比如："这段时间你辛苦了，因为你的努力，咱们团队的业绩有了10%的提升。"这种肯定的话能够激发员工的斗志，从而让他更加努力地为门店做贡献。值得注意的是，表扬员工的时候要真诚、具体，让他感受到诚意，这样才算有效的激励。另外，表扬某个员工的时候要做到一对一地表扬，这样才能避免他遭受众人不必要的忌妒、不满，甚至排挤。

6. 平时多交流沟通

一些不合常理的规矩、工作氛围沉闷、无差别对待员工等问题都会导致员工产生离职的想法。要想提升企业员工留存率，首先要加强和员工的交流沟通，及时了解他们内心的想法，并根据他们反馈的问题制定出切实可行的整改措施，这样才能有效缓解他们的焦虑情绪，进而留住他们。

7. 允许员工内部流动

有些开明的门店往往会允许员工在其内部完成工作调整和岗位变换，这样做既能够留住优秀的员工，也有利于门店的业务发展，还能对人员优势进行合理的整合和优化，可谓一举多得。

8. 奖励员工工资以外的福利

人才是门店发展的第一资源。尤其是那些能力强、有干劲的人才，更是门店向前发展的关键。为了留住这类可遇不可求的人才，门店可以用工资以外的福利留住他们，比如幸福基金、结婚礼金、子女升学奖励、忠孝基金等，这些有人情味的优待可以提升员工的归属感，进而驱使他们一直效力于公司。

门店的竞争说到底还是人才的竞争。如果门店留不住优秀的人才，那么它便失去了最根本的竞争力。因此，利用上述提到的几个策略构建一套流程化的管理体系是每个门店不容忽视的战略性课题。当门店学会"用流程思考、按流程办事"时，其自身的活力才能被完全激活，从而向更光明的未来发展下去。

员工起冲突？这七个处理方法轻松拯救

俗话说，有人的地方就有江湖，有江湖的地方就有冲突。所以，在门店里，员工之间发生冲突是很正常的事情。大家有可能因为业务方面的沟通产生摩擦，也有可能因为利益相悖而产生嫌隙，还有可能因为方法路径不同，而争得面红耳赤。当员工之间发生冲突的时候，商家或门店管理者一定要及早重视这个问题，否则会导致门店人心涣散、内耗严重、人员分崩离析，最终给门店带来严重的经济损失。

那么，当员工起了冲突之后，商家或门店管理者应该怎么处理呢？以下是几个常见的调解方法。

1. 相互退让法

当两个员工因为某件事情起了冲突，商家或管理者先要摸清楚双方争吵的缘由，以及他们最初的诉求，如果大家说的都有一定的道理，那么不妨找到双方认同的点，然后求同存异，各退一步。双方同时适当妥协就可以将矛盾慢慢化解。在调解的过程中，可以先提出降低"调子"的弹性建议，看看双方的反应。如果双方没有异议，那就接着开展调解工作；如果双方依旧争议很大，那么不妨欲擒故纵、明松暗紧，给他们施加压力，促使他们都缓和下来。不过值得注意的是，在调解的过程中，一定要让双方都有一种"略胜之感"，不能只催促一方做出让步，而忽略另一方的感受，否则会为今后的工作再次留下隐患。

2. 冷静处理法

当冲突双方都在气头上时，如果立刻出言批评，可能会激起他们强烈的负面情绪，而且人在情绪激动的时候很容易做出不理智的行为。所以，不管是为了当天的销售业绩，还是为了维持员工之间良性的人际关系，都需要采取冷处理的方法，具体来说，就是将双方的争议先搁置一旁，等到过后再拿出来处理。

比如，等到第二天，双方的注意力都发生了转移，情绪都得到了舒缓，且头脑都回归理智的时候，再调解这个矛盾，此时处理的难度就会大大降低。原因是：一来双方的心理压力没那么大了；二来你提出的调解建议，他们也更容易接受。

3. 春风化雨法

在网上有这样一则寓意深远的小故事：一天，威猛强劲的北风突然和自下而上的南风相遇了，它们相遇之后，互不相让，都觉得对方应该为自己让路。最后，不服气的它们展开了一次威力较量：看谁先把行人的大衣吹掉！北风施展着它的威力，将寒气和冷雪一股脑吹进了行人的怀里，可让它失望的是，行人反而将衣服越裹越紧，根本没有脱掉的可能。反观一旁的南风，它轻轻地吹了一口气，顿时周遭变得风和日丽，行人感受着徐徐而来的暖风，舒服极了，于是他解开了纽扣，脱掉了上衣。最后，毫无疑问，南风取得了胜利。

泰戈尔曾经说过："神的巨大权威是在柔和的微风里，而不是在狂风暴雨之中。"这说明，在处理矛盾冲突时，用温和的方法有时反而比粗暴严厉的手段更有效果。事实也是如此，当你用晓之以理，动之以情的方式调解矛盾时，大家感受到了你的善意，反而更愿意做出让步。不过，需要注意的是，利用这个方法时，不能只挑好听的讲，而不触碰实质的矛盾，这样问题和矛盾都不能得到彻底解决。

4. 含糊处理法

有些矛盾既无关原则问题，也不影响门店的利益，这个时候没必要较真，用含糊处理方法就比较恰当。比如，在处理工作的过程中，员工 A 背着员工 B 在众人面前说了一句对 B 不太好的评价。后来，这事让员工 B 知晓了，于是二人心生嫌隙，彼此互不理睬。这个时候商家或门店管理者不要追根究底，非要探讨员工 A 说出这句话的真实动机，而应该采用"描述行为+肯定动机"的方式安抚员工 B 的负面情绪。比如，"你最近做了……对此 A 对你的评价有点犀利，但不管怎么说，我知道他没有什么恶意，只是想表达……的意思"，这种含糊式的处理方法可以有效地制止事态扩大，从而达到小事化无的效果。

5. 侧翼攻心法

员工之间的矛盾，有些比较棘手，处理起来比较困难，这个时候不妨借助双方亲戚朋友的力量从中斡旋。比如，某个员工在工作的过程中因为一些摩擦感觉受到了天大的委屈，甚至和对方产生了肢体冲突。这个时候门店管理者可以这样跟他说："我知道这个问题让你心里很不痛快，甚至有了动手打人的念头，这些我可以理解，如果我是你的话，可能也会在冲动之下做出同样的选择。可你冷静下来想一想，动手万一惹出个什么祸端，造成你不能承受的后果，你的家人会有什么样的影响，他们的生活质量能不能得到保证……"借助亲情的力量也可以促使当事人回归理智。

6. 单刀直入法

有些员工之间的矛盾不适合迂回处理，要单刀直入，直击双方的矛盾点，直截了当地为他们分析利弊，反而更有利于得出一个双方都满意的结果。如果藏着掖着，反而会让事态恶化，最后严重到无法调和的地步。

7. 换位思考法

有时矛盾双方之所以会产生争执，是因为大家都站在自己的角度考虑问题，根本没有顾及对方的处境。这个时候，门店管理者不妨引导双方换位思考，比如"你觉得组长催得比较急，心里很不高兴，可你站在组长的角度想一想，他还要配合上一级部门协同工作，所以要得急也是可以理解的"。"强调员工的工作效率这本无可厚非，但是实际操作的过程中他们也有自己的难处，因为一些不可抗力的因素，也会耽误工作的进程，互相理解一下。"门店管理者通过引导他们换位思考，可以帮助他们互相理解，从而找到沟通的契合点。

以上就是处理员工矛盾的几种常见的方法，门店管理者借助这几种方法可以相对顺利地解决员工间的各种矛盾，从而让员工化戾气为祥和。不过矛盾化解之后，并不意味着事情就完全结束了，门店管理者还需要考虑这样一个问题：今后如何避免产生类似的问题，信息未及时传递，是因为当事人粗心，还是工作制度上出现了问题？员工情绪不稳定、工作效率低是不是应该加强员工的认知培训？当这些问题的根源被解决之后，员工之间发生冲突的概率就会大大降低。

东方甄选火爆：管理员工要因人而异

要说2022年抖音最火的头部账号，那非"东方甄选"莫属了，它曾创下过"6天涨粉400万，日销量千万"的惊人战绩。那么新东方的直播间为什么能创造这样的奇迹呢？这一切都还得归功于他们的几个得力战将。

董宇辉，被人们亲切地称为行走的"兵马俑"。这位年轻的主播曾经是新东方任教八年的英语老师，他知识储备非常丰富，在直播间讲人文、谈历史、聊哲学、颂诗词，旁征博引、无所不能。正因为董宇辉才华横溢、出口成章，所以获得了中关村"周杰伦"的美称。而与他搭档的是另外一位风趣幽默的主播yoyo，这位有颜有才的女主播极富语言天赋，不仅讲起世界史滔滔不绝，而且说唱快板样样精通。

在新东方的直播间里还有一位胖嘟嘟的女孩，名叫七七。她不仅家境优渥，自己还是一枚妥妥的学霸，曾毕业于英国百年名校萨里大学人文学院的口译专业，硕士学位。但在工作的过程中，她表现得最出彩的地方还在于她极佳的音乐天赋。七七曾学过4年美声唱法，擅长多种乐器，在直播间，她用优美的歌声活跃着团队的氛围，感染着每一位到访直播间的客户。

总之，东方甄选的主播个个都多才多艺、各具优势，新东方的领导便据此对他们做了不同的分工，每个人各取所长、分工协作，实现直播效率的最大化。

作为门店的管理者，需要借鉴东方甄选的这种管理方式，将个体化差异明显的员工区别对待，这样才能实现门店高效管理的目标。下面我们针对不同人格、特质和需求的员工，介绍几种差异化的管理策略和方法。

1. 自我表现型员工

顾名思义，这类员工表现欲极强，他们往往争强好胜，很容易把情绪写在脸上。对待这类员工，门店管理者可以用关注认可表扬等方式适当多给他们创造发挥才能的机会，让他们最大限度发挥自己的能力。当他们的工作出现失误时，门店管理者可以委婉地提醒一下，并且积极督促他们采取纠正措施。

2. 性格冲动型员工

这类员工脾气暴躁，遇事容易抱怨斥责或大发雷霆，他们很容易与门店其他员工发生冲突，可以说是门店的不稳定因素。面对这类员工，门店管理者最应该做的就是保持足够的耐心。当他们与人发生冲突的时候，门店管理者不要被他们的情绪牵动，跟着发火，而是应该冷静地听他们讲述事情的原委，顺便让其将心中的委屈和怒气一并发泄出来。等他们心情恢复平静之后，再发表自己的看法和见解，这样处理问题的难度就会降低很多。当然，门店管理者还可以在平时多引导他们，让他们养成积极与人沟通的习惯，这样可以避免很多误会，从而将很多潜在的矛盾提前化解。

3. 头脑灵活型员工

这类员工有思想有见地，如果管理得当，可以为店里贡献很多有益的经营思路，带来很多建设性的建议。对待这类员工，门店管理者首先要充分尊重他们的发言权，认真倾听他们提出的意见和建议，不挫伤他们发言的积极性。其次，积极策划头脑风暴会议，鼓励他们积极思考，踊跃发言。

4. 循规蹈矩型员工

这类员工做事认真，且很有责任心，但是不足之处在于墨守成规，没有远见。对待他们，门店管理者不要试图挖掘他们的潜力，只需要把一些细致且需要耐心的活儿交给他们，他们一定会完成得很好。

5. 懒惰摆烂型员工

这类员工做事拖拖拉拉，工作时间浑水摸鱼，毫无斗志可言。对待这类员工，在布置工作的时候要限定时间，强制督促他们按照约定的时间完成。另外，定期检查汇报，也可以适时减轻他们的惰性。当然，还可以通过加大奖罚的力度，激励此类员工奋起直追。

6. 强社交型的员工

在工作中，我们可能会碰到这样一类人：他们善言辞懂社交，有很强的交流沟通能力。面对这类员工，门店管理者要予以充分的信任，适当放权给他们，让他们发挥自己的组织协调能力，帮助门店处理各种比较棘手的人际关系方面的问题。

7. 能力强的刺头员工

这类员工能力强，但是不服管教，对分配下来的工作也不积极配合。这个时候，意气用事的门店管理者会选择辞退他们，但这并不是最优解，因为他们的离职也代表着门店的业绩会跟着受损。通常情况下，明智的管理者会给予他们充分的尊重，比如，制定任何规则之前，先跟这类员工商量，征求他们的意见，如果他们的意见对提升门店的业绩有利，那么就敞开心胸，完全接纳，抓紧按照他们的建议调整方案，这样在后续的工作中就能获得这类员工的支持。

经营门店，会面对形形色色的员工，他们的能力、个性、需求、优劣势各不相同。其实这是一件很正常的事情，每个门店都不可能全部是精兵良将，作为门店管理者，要因人而异地实施管理，根据员工自身的特点将其安排到合适的岗位，这样才能让员工的工作效率最大化。

如何制定门店的标准化经营流程

做任何事情都必须有一定的章程，如果想到哪里就做到哪里，那么很容易把事情弄得乱七八糟，最后无法收场。同样的道理，开一个门店，也需要一个标准化的经营流程。门店只有遵循这个流程，才能让一切工作有条不紊地进行。

下面我们简单介绍一下门店运营的基本流程。

1. 营业前

在工作展开之前，员工们要更换好制服，检查仪容仪表是否合规。打卡签到之后，在店内巡视一下，检查卫生情况，确保通道畅通，门口干净无杂物，检查店内机器是否能正常运转，及时补充所缺的货物等。当然，还有一些门店在营业前开晨会，晨会内容大致包括员工问好、回顾企业愿景、重复每日宣言、跳操、总结前日工作、重要事件提醒、安排今日工作，等等。这个晨会时间大致需要二三十分钟。

2. 营业中

在营业过程中，店内的人员需要各司其职。销售员的主要任务是热情接待客户，并做好相关的记录，如果产品和服务出了问题要及时反馈。对客户提出的问题要认真耐心地解答，待客户了解了商品的特性、工艺和规格之后，销售员还可以利用自身学到的销售技巧，消除客户异议，引导其下单，或者用专业的话术逼单。对于店内的管理者而言，也要进行日常巡视，包括关注员工的工作情况，及时处理突发事件，营造门店氛围，共同助力提升门店业绩。

3. 用餐期间

到了用餐时间，门店管理者需要根据排班情况安排店员轮流进餐。在交接的过程中签字确认，把责任落实到位。如果门店管理者需要外出，则需要找出一个代理主管来行使自己的职责，确保店内的一切工作正常进行。

4. 营业结束

工作结束后，门店管理者可以组织员工开晚会，在会议上总结今天的工作，学习和讨论销售技巧、陈列技巧、服务问题等，对于客户当天反馈的问题，大家群策群力，想出解决的办法。会议结束后，分组进行各区域整理，出门前切断所有电源，关掉门窗和水龙头，避免出现火灾、水灾或偷盗现象的发生。

以上就是门店日常运营的大致流程。在进行这些流程时，要做好以下几个方面的管理工作。

（1）货品管理：查看货品存放、库存、补货、次品控制是否合理，盘点是否规范等。

（2）库存管理：库存可以分为活库存和死库存两个类型。对于死库存，即不好消化的库存，可以采取员工额外奖励法、瘦肉大骨头消化法、专场福利销售法、旺季促销法、VIP回馈法、联合促销法等处理。

（3）服务规范：制定基本的服务标准，并按照标准规范员工的个人礼仪、服务态度，让他们形成好的服务习惯。另外，还要培养他们的服务意识，以此提升产品的销量。

（4）店面管理：包括硬件形象和软件形象两个方面。硬件形象包括货架形象、模特、海报价签、POP（售点广告）、门头、橱窗、卫生、货品等；软件形象包括人员精神面貌、背景音乐、氛围、灯光、仪容仪表等。

（5）员工管理：完成好员工的考勤，做好其能力与绩效考核。员工的情绪状态不佳时，及时沟通疏解。为了避免出现无人可用的窘境，日常生活中还要做好员工培训、人才储备等工作。

门店的经营流程包含了方方面面的内容，可以说既琐碎又繁杂，但我们可以按照一定的规律将它梳理清楚，进而再按照梳理好的流程认真执行，这样才能保证门店正常运转。

第五章

五网融合，引爆门店私域流量

天网策略：造势做流量

在构建私域流量的时候，天网是一个必不可少的拉新拓客的利器。那何为天网呢？通俗来讲，天网就是在新媒体宣发、曝光和引流。通过这个天网策略，可以让大家更好地了解门店及其产品和服务等信息。而且随着门店曝光度和知名度的提升，越来越多的客户被吸引过来，从而形成了门店的私域流量。

在利用天网引流拉新时，可以通过以下几个新媒体平台展开。

1. 抖音

近几年，短视频在技术、资本、用户、传媒机构等多方力量的推动下异常火爆，所以很多商家早早就洞察到了其中的商机，快速在短视频的两个先驱——抖音和快手平台上布局，以提升品牌的知名度，当然也顺势将公域流量转化为私域流量。下面我们就以抖音为例，详细介绍一下引流拉新的一些方法和技巧。

在引流之前，需要以优质的内容吸引客户的注意，博得客户的好感，这样才能为拉新打好客户信任基础。具体来说，引流的内容可以是一些为客户带来新知识的干货，也可以是一些能引发客户情感共鸣的价值观点，还可以是博客户一笑的趣味性内容。总之，这些内容必须有料、有趣、有价值，这样客户才愿意关注你的账号，成为你粉丝群里的一员。反之，如果你一开始就忽略客户的感受，只是不停地更新产品或者服务信息，那么这种营销意味很浓的内容只会将客户越推越远。

了解了优质短视频的判断标准之后，就要按照这个标准不停地更新内容，快速吸粉，最后将吸引过来的粉丝顺利纳入自己的私域流量池中，继而为后续的变现做好准备。在这个公域流量"私有化"的过程中，我们可以通过以下几个操作方法快速扩充我们的粉丝阵营。

（1）利用抖音签名引流。一般来说，一个新的抖音号刚起步的时候，不允许在签名区填写自己的联系方式，否则会遭到降权或者封号的处罚。不过等到账号稳定之后，已经积累了一定的粉丝量，这时可以用谐音、表情或者字母代替"微信"字眼，以此吸引客户主动添加自己的联系方式。

（2）利用抖音号引流。当你注册一个抖音账号后，系统会随机给你匹配一个抖音号，不过这个号码是可以修改的，我们可以把它直接换成自己的联系方式。这样既不会被平台限流，又可以让客户快速找到联系你的方式。

（3）利用抖音私信引流。抖音有一个私信功能，对于尚未关注的客户，你可以发送3条私信，对于已经关注的粉丝则没有太多的限制，你可以利用这个功能发送图片、视频、链接、联系方式等，这样可以与客户快速产生连接。

（4）利用抖音评论区留言引流。如果将自己的联系方式直接放在视频里，那么这条视频一定会被官方限流，但是如果在视频的评论区用小号留言，大号回复，那么就可以巧妙地引导客户找到联系你的联系方式。比如，客户："视频里的这款裙子真好看呀，求小姐姐上链接！"你回复："点击头像进入主页，获取联系方式。"

（5）利用抖音直播引流。在直播的时候，可以以免费送资料或者赠品的形式主动提供联系方式，这样就顺理成章地添加到了有需求的客户。不过，需要注意的是，联系方式不能说得太过直白，更不能长时间强调，否则会有封号的风险。

（6）利用视频引流。重点是不可以强硬植入，否则会被系统检测到，从而限流，严重者还有封号的风险。一般来说，不建议大家采用这种操作方式，如果非要用视频引流的话，可以花钱用"DOU+"助力，这样能够让更多的客户看见你的产品，也能让更多的客户获取你的联系方式。不过，在投"DOU+"之前，一定要设置好推流的目标人群，这样才能将产品和服务更精准地推向有需求的人群。

除了上面介绍的几种引流方法外，还可以通过视频封面引流、蓝V引流、背景相册引流、音乐引流等。通过引流，可以快速让线上流量转化为线下流量，从而为门店的多次销售创造更多可能。

2. 视频号

微信视频号是一个可以记录和创作内容的短视频平台。微信视频号的内容以图片和视频为主，内测时可发布长度不超过1分钟的视频和不超过9张的图片，并能带上文字和公众号文章链接，可直接在手机上发布，支持点赞、评论进行互动,也可转发到朋友圈、聊天场景。

视频号,作为一个离私域流量最近的公域流量池,是引流微信私域流量的绝佳工具,也是打造企业和个人品牌的一把利器。下面我们介绍几个安全且不违反平台规则的引流方法。

(1)账号简介引流。在这个区域里可以展示个人的信息,直观、简单地介绍自己从事的行业,如果客户对你的产品或者服务感兴趣,那么就可以添加上面显示的联系方式。比如,"VIPKID 亲子阅读"这个账号就是这样做自我介绍的:

VIPKID 3—18 岁在线青少儿英语

剑桥认证外教,少儿英语小班课领导品牌

严选 7 万北美优质外教,80 万英语小学霸妈妈的共同选择

帮助孩子开阔国际视野,让世界没有边界

365 天陪您的孩子免费学习纯正英语

老师 v:×××××,免费报名成人外教 1 对 1 体验课,限量!

这样的介绍让客户一目了然,很快就能搞清楚它的主营业务。如果大家正好对英语教学感兴趣,那么就会主动联系老师进行体验。

(2)利用算法推荐引流。微信视频号点赞界面的更新可以说让众多的商家迎来了"私域的第二春"。因为视频号点赞功能里把朋友圈点赞也纳入了点赞计数,换句话说,现在视频号的点赞总数等于朋友圈点赞量和视

频号界面自然流量点赞量相加的得数。这就意味着更多私域流量的点赞加速了公域流量的推荐，对于创作者来说，是一件非常好的事情，不仅能够提升视频的曝光度，还能获得更多潜在客户的关注。另外，视频号的内容发布之后，如果创作者给自己的作品点了一个赞，就可以让通信录里的其他朋友看到自己的视频，从而增加视频热度，而视频的曝光量越大，吸引的客户就越多，引流效果也就越好。

（3）拓展链接引流。这也是视频号高效引流的方式之一。利用拓展链接引导客户的时候，可以添加一些手势符号，再配上一些引导性的文字，比如"戳这里，免费领取十节记忆力课程"。当然，事后要记得把相关链接放在上面，否则客户没法点击进入。

（4）私信引流。和抖音一样，视频号也可以直接和粉丝私聊。具体操作步骤：点击粉丝头像，再点击"发私信"按钮，即可进入私聊页面。为了让粉丝放下心防，你可以在节假日的时候发送，发送的时候附带节日的祝福语，这样就可以让引导话术显得没有那么刻意。

（5）账号互推引流。合作互推也是引流很常见的一个方式，是一种正常的营销手段，可以实现粉丝的置换。一些新的公众号在完成冷启动的时候，会选择目标人群相似、无直接竞争，且质量高的公众号互推，这样可以起到很好的涨粉作用。同样，视频号也可以复制这样的套路，达到吸引粉丝关注的目的。当然，你也可以在某个高质量的行业大号里留言蹭粉丝，比如"坦白局！卑微××在线求关注，跪谢！"

（6）利用视频内容引流。发布视频的时候在文案区可以留下自己的公众号和微信号，当然也可以通过口播的方式将个人联系方式放上去。如果该视频一旦获得上千万网友的喜欢和追捧，那么就会变成一个大爆款，这样引流效果会非常理想。

（7）利用朋友圈和社群引流。可以将发布的视频转发到朋友圈，并写上吸引人的文案，这样通信录里的朋友就能看到你发的视频。如果视频内容足够优质，朋友们会纷纷点赞转发，这样一来，视频的传播范围就更加广泛了，吸引到的粉丝也就更多了。当然，如果你的视频号流量较小，那么还可以将内容转发到自己的社群中，通过社群内人员的互动快速给视频内容"加热"，从而获得更多自然流量。

3.社群

社群引流最有效的方式就是产生裂变，通过裂变营销可以与更多的客户产生连接。具体来说，就是先设计一张福利海报，然后让种子用户通过各种途径推广，这样你的社群就会获得大批量的客户。之后，还需要在群内编辑一段自动化提醒话术，用户进群之后，根据这些话术完成海报的转发任务，以此驱动群成员拉来新的用户进群。在社群裂变的时候，可以借助公众号、个人微信号、其他群、小程序等工具共同完成。

中国知名O2O蛋糕品牌幸福西饼通过线下渠道，吸引了一批消费者，并且把他们放在同一个社群里。之后，他们又在这个社群里开启了一个砍价裂变活动。这个活动准备了100份免费的火腿芝士，群里的成员只要邀请朋友砍一刀，就可以减免一部分的金额，而且按照活动规定，邀请的朋友越多，砍得就越多，火腿芝士的价格就越低。当你邀请的朋友数量达到一定程度时，即可免费获得一份火腿芝士。当然，新裂变出来的客户也可以参与这项活动。最后，幸福西饼靠着这个砍价活动获得了数十万次的曝光，以及近万名新客户，成功构建了自己庞大的私域流量池。

4. 朋友圈

朋友圈互推是很多大咖常用的一种引流方式。这种方式因为是熟人介绍，所以引流效果非常好。不过，为了引流过来的目标客户能够更精准一些，在引流前需要筛选一下自己的合作伙伴，比如，微信好友比较多的人可以互推，因为这类人影响力和号召力强。另外，在一些特定的社群里也可以找到合作的人，比如你是一个亲子摄影方面的营销人员，那么你可以和母婴社群的群主合作，你们处于行业的上下游，彼此之间并没有竞争关系，所以互换资源是一件共赢的事情。当然，除了线上，你还可以去线下的活动现场寻找合适的互推对象。

寻找到合适的合作伙伴之后，接下来要做的就是构思文案了，即怎样编辑文案，才能提升客户添加率。首先，建议大家的文案里涉及目标客户的核心利益，比如，"大家可以添加这位写作大神的微信号：×××，到时候报我的名字，可以免费从他那里获取一份《热门网络小说常见套路合集》"。其次，文案中还可以谈及自身的辉煌成就，比如，曾是一线明星××、×××等的瘦身私教，是××国际认证导师，获得过××最佳瑜伽明星奖，曾前往××、××等地进修，拿下了多项专业权威证书……这样一个闪闪发光的成功人士很容易激起普通客户添加的欲望，大家都想从中获得一个和权威人士沟通与交流的机会。为了打造自己的专业"人设"，我们需要在文案中添加一些可靠的数据或者权威人士和机构的背书，这样客户才能更放心地加你为好友。

5. 公众号

公众号作为微信生态的重要组成部分，它和个人微信号、微信群、朋友圈一样，都是有效触达客户的一种方式。在公众号引流的时候，我们可以通过打造爆款文章、搜索引擎优化、转载、投稿、公域平台引流、互推、用户转发、评论截流等方法实现加入的目的。

6. 小红书

小红书是行吟信息科技（上海）有限公司于2013年6月推出的一款生活方式分享平台，其社区内容包括美妆、个护、运动、旅游、家居、酒店、餐馆的信息分享，触及消费经验和生活方式的众多方面。因此，这个平台也有很多行业的精准客户。聪明的商家会通过私信、个性签名、图片水印、图片植入、大号小号在评论区互相配合等方法来实现引流的目的。

另外，按照小红书的分发规则，粉丝的数量对于账号的引流没有多大的影响，只要你发布的内容足够优质，那么你就能获得很大的流量，而且品牌的曝光量也不会少。

以上就是天网策略的全部内容，其中很多自媒体的引流方法都大同小异，大家在使用的时候一定要把握好分寸，以免因为违反平台的规则而使账号权重下降，或者招来封号的风险。

地网策略：招商建渠道

如果说天网是在新媒体做内容和传播，那么地网就是对天网的承接。当流量袭来的时候，我们要依靠地网做好有温度的体验和高效率的转化。下面详细介绍地网策略的几种打法。

1. 爆款引流

所谓的爆款产品首先不能以营利为目的。其次价格不能过高，否则很难刺激消费者购买的欲望。另外，爆款产品的受众面要广，这样才能保证产品受到更多客户的青睐。最后，这款爆品还需要有很好的价值感，这样客户才会为了解决某个痛点而主动掏钱购买。

爆款产品选定之后，还需要用语言文字为它做二次包装，比如，"现在购买这套课程，可领 20 元优惠券，到手价仅 89 元，共包含 22 节课，每课仅需 4 元"。这样的话术给客户一种高性价比的感觉。

再如"不反弹、不饿不累、不掉代谢、0 器械、0 要求、0 负担、7 天狂暴甩肉速瘦，98% 普通人可轻松执行"。减肥期间，节食挨饿、运动劳身、触底反弹一直是肥胖人士的噩梦，而这样的话术正击中他们的痛点，帮助他们摆脱了需要面对的困难，所以这款爆款产品客户选择起来毫不犹豫。

另外，文案还要突出产品的差异化，给客户一个选择的理由。而这个差异可以是技术差异、功能差异，也可以是定价差异、文化底蕴的差异等。

当然，用来引流的爆款产品既需要语言包装，也需要产品方面的包装，而这个包装设计需要符合目标人群的审美和喜好，这样才能受到大家的追捧。总而言之，爆款产品的出现会给门店带来很大的流量，大家可以抓住这个机会，构建自己的私域流量池，这样才能为后续多次消费创造可能。

2. 抵用券引流

抵用券也是引流常见的一种工具。具体来说，就是一种商品或者服务的优惠券，在购物的时候，输入抵用券的代码即可享受相应的优惠价格。需要注意的是在使用这种方法引流的时候，要标注好使用期限和使用条件，即客户必须在有效期内使用。一般客户看到这种优惠活动，出于占便宜的心理，会自动走进店内进行二次消费，这样就可以达到引流的目的。

3. 异业联盟引流

在使用异业联盟方法引流时，合作双方的产品要有互补性，不能存在竞争关系。另外，大家要本着互利共赢的原则去沟通、合作，这样才能获得理想的引流效果。假使双方没有找到利益平衡点，那么就无法真正实现人力、物力和财力等资源的互换，进而也就无法实现共赢的局面。

4. 赠品引流

赠品是指在消费者购买某一特定产品时随货赠送或以很低的价格出售

的物品。由此不难看出,赠品的价格一定不能很高,否则高成本的引流得不偿失。不过,选择赠品虽然要符合低成本的原则,但这并不意味着赠品的选取就可以随心所欲。廉价的小饰品、小气球等没有多少实用性,用这些东西引流,很容易败坏客户的好感,大家不可能为了这么一点不实用的东西就争先恐后地进入你构建好的私域流量池中。所以,选择赠品时,首先要考虑它是否具有实用性,是否与客户的需求相关。其次选择的赠品要与售卖的商品有一定的关联性。比如,售卖洗发水,可以赠送一小袋洗发液;售卖护肤品,可以赠送给客户某个品牌的小样,这样客户外出的时候方便携带。

在使用赠品引流的时候,营销人员要把握好节奏,及时引导,千万不要一上来就将赠品一股脑儿送出去,这样客户薅到羊毛,就偷偷溜走了。设定一定的门槛和条件,获取客户的联系方式,或者让客户进入你的社群等,再领取赠品,这样才不会白白浪费营销的机会。

此外,如果多次举办这样的引流活动,一定要更换赠品的种类,否则对于老客户而言就失去了参与的兴趣。只有多给他们惊喜,他们才愿意拉着周围的人积极参与。

最后,要跟大家强调的是,赠品引流要限时限量,这样才能给客户营造出一种稀缺的氛围,从而激发他们参与的主动性和积极性。

5. 休闲空间引流

喜欢逛超市的人应该经常可以看到,在超市的休闲区域总会摆放着一排排舒服的电动按摩椅,这些按摩椅给逛累了的消费者提供了一个舒适的休闲空间。消费者在坐上去之后，在放松身心的同时也能够体会到按摩椅的极致服务，由此让客户充分认识到了按摩椅的重要作用，内心自然就会被勾起购买的欲望。这对于商家来说，就是一个挖掘客户需求、精准引流客户的绝佳机会。聪明的商家不妨借鉴按摩椅商家的做法，在休闲的空间展开引流活动，这样既不会打扰到客户的购物节奏，又可以把商品很好地推销出去。

6. 免费体验引流

所谓的免费体验就是通过让客户对产品进行一个长期或者短期的免费体验之后，对产品的性能和效果表示认可，进而主动表达消费意愿，商家再向客户出售产品的一种全新的营销模式。不过，商家在利用这种方式引流的时候，千万不要给客户购买压力，而是应该为他们详细介绍产品的优势和性能，通过挖掘他们的需求使他们对产品产生好感，从而达到引流的目的。反之，如果一上来就借着免费体验的幌子逼迫客户买单，那么不仅会败坏客户的好感，而且还起不到引流的效果。

以上就是地网策略引流的全部内容。大家在执行的时候需要根据自己的实际情况灵活挑选适合自己的引流方法。不过不管使用哪种方法，都要围绕精准的客户群体展开，否则引流就失去了意义。

人网策略：分享做裂变

传播裂变是一种有效促进客户增长的策略。具体来说，就是利用一些激励活动，或者优质内容来吸引客户主动分享、推荐，并邀请新的客户加入。这样一来，既可以提升品牌的知名度，又可以扩大客户规模，从而起到很好的引流效果。因为使用这种方法引流时参与的主体是人，所以也可以将这种方法称为人网策略。

人网策略的本质就是做客户的自动传播和裂变。利用这种策略引流，不仅可以降低营销成本，而且还能增强用户黏性，更重要的是可以增加用户人数，这有助于商家构建庞大的私域流量体系，从而为今后的变现创造更多的可能。下面就来介绍几个人网策略的方法和技巧。

1. 会员升级

为了培养客户的忠诚度，需要将客户发展成自己的会员。而为了给不同的会员提供个性化的服务和内容推送，又需要将会员分为不同的等级。因为每个商家的划分标准不一样，所以会员的等级划分也不尽相同。有的商家按照消费金额划分，有的商家按照时长划分，有的商家按照会员的拉新能力划分，还有的商家按照会员的消费频次划分。比如，海底捞就是根据会员的进店频繁程度给他们划分等级的。红海会员是那些刚刚免费注册，且产生积分的会员；银海会员是在一个月内消费 2 次或者一个月消费累计积分达 800 分的会员；金海会员是两个月消费 8 次，或者两个月累计获得 3000 积分的会员；黑海会员是那些三个月内消费 12 次，积分累计达到 10000 分的会员，或者四个月内消费 16 次，积分累计达到 30000 分的会员。海底捞的会员升级以后，可以享受到更加优厚的权益，比如"包间会议、VIP 专享"等就是黑海会员独有的权益。等到各个会员之间拉开差距后，大家出于利益考量也好，虚荣心驱使也罢，都会不自觉地让自己朝着更高一级的目标前进，这样一来，商家就可以轻松收获更多的流量，而他们的利润也会跟着水涨船高。

2. 团购

一本创亿的董事长金亿谋在其自媒体账号上曾分享过这样一个案例：有一次，一个女装店的老板找到了他，向他道出了自己困扰已久的难题：她经营女装店也有十几年了，在此期间，开了三家门店，但客流量一直上不去。对此，这位女老板很是不甘心，她想寻找一个好的方法，打破客流量少的僵局。这时，金亿谋给她设计了一个很实用的解决办法：爆品团购引流，具体来说，就是根据客户群体的消费档次，找到合适的爆品，然后用团购模式来引流。按照金亿谋的思路，这位女老板找到了一款价格合适的可以做爆款的女包，然后将它放在门店显眼的位置，接着写下活动宣传语："单价 1880 元的名贵皮包，只要带 3 名亲友来店团购，团购价仅需 280 元。活动期限：本周内有效。保证正品，欢迎拍照。"很快，这个团购的模式就起了效果，这位女老板的门店客流量渐渐多了起来。

不过，大家在使用这个方法引流的时候，首先，要注意一定要挑选合适的产品，这样才能引起客户兴趣，达到引流的目的；其次，团购的产品不要留太多的盈利空间，因为它是用来引流的，不是用来盈利的，如果定价太高，客户占不到大便宜，就起不到很好的引流效果；最后，挑选的团购产品要和门店的产品相关，这样才能引来精准的客户。

当团购的引流效果初见成效时，要及时做好客户数据库的积累，即将这些潜在客户纳入自己的私域流量池中。这样，门店以后有什么优惠活动，就可以第一时间直接触达他们。

3. 感恩回馈

这也是实体门店很常见的一种引流方式。不过在策划这场感恩回馈活动之前，要先明确活动的目的和主题，规划好活动的时间和内容。另外，工作的重点、实施的步骤、政策措施、具体要求等一定要提前规划、制定好，这样才能保证引流活动的顺利展开。

某地的一个月子会所，在"6·18"这一天推出了一项感恩回馈活动，该活动送出了9.9元的大礼包，礼包包含了排湿、排寒、肩颈调理、淋巴排毒等项目，客户只需选择其中一项便可获得此大礼包的全套服务。不过，客户要想领取这个超值礼包，需要先到店里办理会员卡，成为会员之后才可。就这样，该月子会所靠着这个简单的感恩回馈活动，一天就精准引流了288人。而且更重要的是，这个特惠礼包仅限本地20~45岁的女性购买。通过这个步骤精准地锁定了目标人群，从而为以后的高效变现奠定了良好的基础。

4. 积分

现在竞争这么激烈，很多商家更加意识到了客流量的重要性，于是纷纷利用积分来增强门店与客户的互动。比如"进店送积分""购物送积分""推荐送积分""积分抵现金"等一系列的举措既吸引了新客户，又留住了老客户，同时还提升了客户的复购率。

利用积分引流的时候，商家可以根据自身的实际需求制定规则。比如，如果最近门店人流量有点少，那就可以设置"推荐新人可获积分"的奖励规则；如果门店这段时间老客户流失比较严重，那就设置"签到/消费可得积分"的奖励制度，这样可以保证门店客流量的稳定性。

另外，为了保证门店不出现亏损的情况，在设置积分制度时，要注意积分的比例，即消费100元，可以获得多少比例的积分。最后，需要提醒商家的是，积分到了某个时间段是需要清零的，这样做的目的是更好地筛选和甄别活跃客户。总之，有了这个积分制度的牵动，门店即使到了销售淡季，也会有不少的返流客户。

5. 旅游券

旅游券对于门店的引流推广也有很大的助力作用。这种看得见的便宜很容易激发客户分享和购买的欲望，尤其是电子优惠券，客户传播起来更加方便，大家只需要动动手指，将电子优惠券转发给好友，即可轻松领到自己想要的福利产品。而商家也可以依靠这种优惠券锁定更多精准客户。

6. 活动

商家可以通过举办某个活动吸引更多的客户加入其中。为了让引流效果达到最佳，商家在策划活动的时候要保证其新鲜感和趣味性，并且客户参与的难度不能太大。一般来说，客户对于低门槛、零操作难度的有趣活动，没有什么抵抗力。

乔·吉拉德曾经说过："每个顾客的背后都站着250个与他关系比较亲近的人，同事、朋友、亲人、邻居。"所以，大家千万不要小看了人网策略的巨大威力，当商家都能用正确合理的营销方法促使客户完成分享裂变时，那么未来就不愁无生意可做。

货网策略：产品巧引流

引爆门店流量的策略和方法，除了前面提到的天网、地网、人网之外，还有货网。这里的"货"其实就是指产品本身。那么，在利用产品引流的过程中，需要注意哪些方面，才能达到引流的目的呢？下面我们就围绕用产品引流这个话题，来告诉大家几个引流过程中需要注意的事项和技巧。

1. 定位好要引流的产品

一般来说，门店的产品可以分为入门产品、常规产品、盈利产品、延伸产品、IP产品、高端产品等几个类型。针对不同类型的产品，制定的引流策略也是不一样的。那么具体如何做呢？还得根据门店的实际情况，以及运营者的优势特长具体选择。

2. 找准目标人群

不同的产品对应不同的消费群体。所以，在确定了引流的产品之后，要根据产品的价格以及性能优势锁定特定的目标人群。只有这样，才能高效完成引流推广的任务。反之，如果将一款高档的产品硬推给低收入人群，或者一款低端产品非要推给高消费人群，那么引流效果就会适得其反。

3. 引流产品要包装好自身

俗话说，人靠衣装马靠鞍。一款产品要想实现好的引流效果，先要形象上说得过去。做好产品包装，先用高颜值的外在形象勾住客户的心，然后才能引导他们与门店产生更多的交集。

4. 引流产品要符合客户认知

有些商家为了吸引客户的眼球，故意将引流的产品价格压得很低，比如"花费9.9元即可获得价值2000元的游泳体验课"。这种超出客户认知且严重不符合现实的引流方式，客户是不会认同的。而且这种画大饼的推销方式还会引发信任危机，所以引流效果注定不会好。

5. 构建客户的信任基础

在用产品引流的过程中，商家需要做一些事情来获取客户的信任感。如果客户对产品缺乏基本的信任，那么就无法引爆流量。具体来说，如何构建信任机制呢？可以找权威机构和权威人物为引流的产品背书，也可以用真诚的文字凸显产品的价值，还可以用一场真实的实验验证产品的功效和性能。总之，不管使用什么方法，只有让客户相信了你的产品，他们才会将其分享和推荐给更多的亲朋好友。

6. 引流产品的成本不能过高

这里的成本不高，并不意味着产品的价格低。这里的成本不能过高是一个相对的概念，是用投入和产出比计算的，即活动投入一单位资金可以产出多少单位资金。如果在引流的过程中投入的成本过高，那么就意味着获客成本很高，而后续能不能高效率变现尚未可知，所以这样得不偿失的操作商家需要尽可能地规避。

以上就是几个利用产品引流需要注意的事项和技巧。此外，商家在引流的时候还可以紧跟热点推广，这样可以起到事半功倍的效果。国产彩妆品牌花西子在2020年时推出了一款重磅巨制产品——苗族印象，当时这款产品借助中国时装周、中国扶贫基金会开启的"百花计划"公益活动，以及《乘风破浪的姐姐》中人气选手阿朵等的强劲势头一举成为当年的爆款产品。对于其他商家来说，这样的操作有很好的借鉴意义。

情网策略：合作要资源

如今，大部分实体门店都面临着高昂的广告投放费用，但即便如此，它们的获客效果依旧不容乐观。此时大家如果依旧选择单打独斗，那么就很难在千变万化的市场环境中生存下去。俗语有云："单丝不成线，独木不成林。"聪明的商家知人情，懂世故，及早开启情网引流策略，在互惠共赢中最大限度开发周边客户资源，达到引流的目的。

北京一家健身会所为了获得更多的客源，和附近一家知名的轻食店联合举办了一次轻食联名月活动。活动期间，轻食店特意制作了一款特价减脂餐，凡是来健身房报名训练的人，每天中午均可获得这样一份轻食。而轻食店那边，每一份外卖中都附带了一张这家健身会所的体验卡。就这样，异业合作的双方都帮助彼此拓宽了经营渠道，降低了获客成本，而且两个实体门店互相背书，引来的客户具有一定的信任基础。

古语有云："积力之所举，则无不胜也；众智之所为，则无不成也。"案例中的健身会所和轻食店就是利用资源合作的情网策略，实现了利益共赢。大家在借鉴这种模式引流拓客时，需要注意以下几个关键点。

1. 寻找合适的合作商家

在筛选合作伙伴时，评判标准不是看对方的客户有多少，也不是看对方店面的规模有多大，而是要看对方店里有没有你的目标客户。换句话说，这家店你的精准客户越多，合作的价值就越高。比如，装修公司的老板可以寻找附近的家具建材店合作，因为二者的目标客户是一致的，且他们都处于一个产业链的下游，又没有竞争关系，所以合作对于双方都有利可图。另外，还可以根据目标客户的生活场景去寻找合作的商家。比如，你是一家儿童文具店的老板，那么你的目标客户是一群学生，根据此，你就可以找儿童服装店、儿童游泳馆、儿童教培机构、儿童图书馆等作为你的合作对象。

2. 设置好诱饵

在与其他商家合作的时候，需要设计好吸引客户的诱饵。这个诱饵既要求成本不能过高，同时还要求具备很强的诱惑力和很高的价值。这样才能起到好的引流效果，同时也更容易与商家达成合作。

3. 与合作商家谈判

找到合适的商家，设置好诱惑点之后，接下来就到了和合作商家谈判的环节。在谈判的过程中，要学会换位思考，顾及对方的利益，解决他们的痛点，这样双方才能找到合作的基点。另外，在交流的过程中，让对方认识到你的实力，这样可以降低谈判的难度；让对方意识到你有很多的合作伙伴，这样可以增加谈判的筹码。

以上就是资源合作引爆客源的大致流程和注意事项。这种互利共赢的合作模式，首先，可以降低门店的获客成本；其次，能花更少的时间和精力触达更多的客源。另外，这种异业合作还规避了同行的竞争。当然更重要的是，通过这种方式获得的客户，精准性很高，留存下来的可能性也很大。总之，如果商家找到了可以长期合作的对象和全新的合作模式，那么一定会有效提升门店的业绩。

第六章

社群营销打造门店营销"漏斗",
让营业额10倍速增长

如何从0到1构建一个优质的带货社群

我们知道，承接客源的载体有很多，社群便是其中之一。在社群经济火爆的今天，构建一个优秀的社群是商业经营中必不可少的一个步骤。有了社群之后，商家不仅能获得流量的入口，还能获得连接用户的重要渠道；同时也有了商家与客户持续交流的阵地。

总而言之，社群对商业经营至关重要。那么，打造一个优质的带货社群具体需要几步呢？

1. 对自己的社群进行定位

在筹备社群之前，一定要对自己所建的社群有个准确且全面的定位。如为什么要做社群？社群能为门店带来什么价值？选择什么品类做社群？社群针对的目标人群是什么？社群建立和推广的时间是什么时候？社群建立后会做哪些营销策划工作？做社群大概需多少预算？等搞清楚这些问题之后再着手建群，这样社群才能健康持久地存活下去。

2. 做好建群的准备

在建群之前先要想好怎么向客户介绍自己的群，否则客户进来后一头雾水，根本不知道这个群是干什么的，这样就会大大增加退群的概率。所以，提前准备几个群介绍模板是很有必要的，比如：

咱们群有什么用？

本群拥有超过10000款来自全国各地工厂和小商品城的低价小商品！

10元左右的小商品＋大牌低价甩卖！

有专人验货，产品质量有保证！

全场包邮，有任何质量问题可包邮退！

当然，除了群介绍文案之外，还需要准备新朋友入群的文案："欢迎××加入我们的社群，感谢您的信任，我们这个群精选了很多优惠实用的产品，且都是经过几百位群主验货通过之后才发进群里来，所以不用担心质量问题。平时群里也会有很多福利，领取优惠券可以直接购买。您觉得划算就下手，不需要可闲逛逛 。不欺、不瞒、不哄，售出产品不是结束，因为这份信赖，付出的服务才刚刚开始！ 感谢您的陪伴！"这段有仪式感的欢迎语可以给客户一种受重视的感觉，从而大大提升他留存的可能。反之，如果一个新的客户加入社群，群内成员对他不理不睬，而且他还对群内的情况一无所知，那么他/她很有可能会快速退群。

另外，当社群的人数越来越多时，有必要制定群规，以此规范大家的行为，比如："本群群规：禁广告和无关链接；禁私加好友，私下加你的都是有目的的，出了事群主不负责，一旦发现违反群规，马上请出群！维护良好社群环境，人人有责！希望大家珍惜缘分！相互尊重、相互理解，能与群主携手打造一个和谐的、安全的、愉快的分享交流平台。感恩遇见！祝大家生活愉快！"

最后还要提醒客户在进群之后将群设置成为免打扰模式，这样才能避免客户一直被群内信息打扰而产生退群的冲动。

3. 开始建群

建群的时候，首先考虑的就是社群的名称。给社群起一个好的名字是一件非常重要的事情，名字起得好，不仅能快速吸引客户的注意，还能让他们迅速记住这个名字。那么应该如何给社群起名呢？首先，可以根据社群的目标用户的喜好和需求命名。比如，一群喜好跑步的年轻人聚在一起，那么就可以给这个群命名为"酷跑团"。其次，还可以从团队的灵魂人物或者核心产品延伸。比如，糕妈闺密团、罗友会、米粉天团等。当然，还可以将上面两种方法结合，比如，秋叶PPT。需要注意的是，在给社群起名的时候，千万不要用一些生僻、冷门的词汇，这样不利于客户记忆和传播。

社群建立起来之后，接下来要做的事情就是拉人。一般来说，每个群的前40个人，不需要经过对方同意也可以拉进群，但是群里超出40个人，就得经过客户点击确认。因此，为了更快速地建群，需要商家先写好邀请语，必要时再配上红包雨。当然，也可以通过红包奖励的方式，鼓励群友拉人。

4. 做好人员管理

在建完群后，就需要做好群成员的管理。一般来说，社群通常有这样几个角色：核心用户，这些用户的活跃度比较高，有他们存在，可以活跃群氛围，也可以引导其他新人参与社群活动；群助手，群主一个人的精力和时间是有限的，所以需要找几个管理员做助手，日常监督社群、维护社群，和群内的人员互动等；潜水者，有些群成员进去之后，只是默默潜水，从来不发表言论，如果一个群里潜水者占比较高的话，就需要设置一些群托，来及时回应群主，从而活跃气氛，避免冷场和尴尬。

社群建立之后，并不意味着社群工作的结束，相反是真正的开始。为了延长社群的生命力，卖出更多的货物，商家需要定时做内容输出，还需要设计游戏或者打卡环节，来不断与客户互动等。只有做好社群的内容规划，才能让其发挥真正的价值。

做好社群客户者生命周期管理

有的商家在构建了自己的社群之后，就做起了躺着赚钱的美梦。这样的想法是完全错误的。这个世界没有不努力就能成功的事，此刻你的社群里虽然聚集了大量的客户，但这并不意味着大家会乖乖自掏腰包，主动为你的销售业绩添砖加瓦。而且，按照社群发展的规律，社群里的客户是有生命周期的。社群的运营者只有付出百分之百的努力，才能减缓他们远去的步伐，从而为社群带来更多的经济价值。

下面复盘一下社群客户的生命周期。

1. 引入期

这个时期，客户从各个渠道引入，刚进群的他们彼此都不认识，但是却充满了新鲜感，以好奇的心态想要了解群里的一切。这个时候，商家可以给刚进群的客户发一些新人红包，写一些欢迎语，也可以让新人做一个自我介绍，让大家在入群仪式里感受到被尊重和被重视。另外，还可以向群友普及社群的规则和玩法以及可以享受到的服务，让大家第一时间了解群的价值，以让他们用更积极的心态融入这个集体。

最后，还有一个重要的任务，就是建立群成员的信任感，打消他们的戒备心。具体来说，商家可以将自己的头像换成真人照片，朋友圈发布的内容也应该多展示一些日常生活的状态，而不应该一味打广告，这样才能给群成员一种真实的感觉，从而让他们对社群及其运营者充满信任感。

2. 增长期

这个时期也叫成长期。客户在此时已经完全熟悉了这个社群，并对社群产生了一定的信任感，所以愿意积极参加群里的活动，也愿意咨询有关产品和服务的问题，如果没有异议，他们还会在群里偶尔下一次单。这个时候，商家就可以趁热打铁，搞一些满减、满送、签到打卡、抽奖答题等活动，在活跃群的同时，也激发客户更多的购买潜力。

值得注意的是，刚开始推销的时候，不要急于向群里的客户推销单价很高的产品，而应该首推一些性价比较高的产品，让客户完整体验一次购物的流程，感受一下从这里购买的产品是否靠谱。等到双方之间的信任提升到一个新的高度后，再向客户推荐利润空间大、价格高的产品，这时候销售成功的概率就比较大。

3. 成熟期

这个时候，群里的客户趋于稳定，大家对群里的节奏也相当熟悉，但糟糕的是，此时也是客户容易产生消费疲劳的时候，其购买欲会减弱。面对这些情况，商家可以根据客户的行为信息和标签，将他们吸引到某个主题群里面，比如，拼团群、秒杀群、宝妈群、爆款专场群等，这种群转群的做法可以有效提升客户的转化率。

4. 衰退期

当社群进入衰退期之后，活跃的人数周期性减少，大部分客户在里面"划水"。此时，商家要调整经营策略，筛选出群里最优质的客户，做持续的重点运营，具体来说，可以为他们建立VIP群，让他们获得更多的特权和福利，这样可以持续开发他们的价值。而对于一些非优质客户，可以通过发放优惠券的方式，激活他们，或邀请他们参与裂变活动，从而增加新的客户。当激活任务完成之后，把不活跃的群解散掉，这样可以降低运营成本。

以上就是社群客户由盛转衰的必经过程，这样的生命周期符合社群发展的规律，是一种很自然的现象。所以，商家不必惊慌，也不必着急，在不同的时期，客户的状态不同，运营手段也不一样。只要商家能及时调整运营策略，选择合适的运营方式，就能最大限度增强客户的生命周期，最大化实现社群的经济利益。

社群运营的五个操作步骤

我们知道，社群是连接商家和客户之间必不可少的一道桥梁。通过社群客户可以很方便地了解企业产品的相关信息，可以将流量变成留量，将客户变成粉丝，也可以直接或间接地销售自家的产品和服务，还可以借助社群庞大的粉丝基数，提升品牌的知名度，扩大自身的影响力。总而言之，社群是一种低成本高效率的推广工具。作为商家，一定要管理和运营社群，将利益最大化。

下面介绍社群运营的操作步骤。

1. 给社群定位

不同的社群类型有不同的运营策略，所以商家首先要做的就是给自己的社群定位，定好位之后再做下一步的打算。一般来说，社群可以分为这样几个类型：活动快闪型社群、专属定制型社群、利他福利型社群、内容运营型社群等。

活动快闪型社群是以快速转化为主要目的，运营者主要做的事情就是在短时间内引导用户完成指定的动作，比如，在社群内发放"×××店超值福利199元夏日儿童票，限时10天抢！畅玩室内特色场馆、有氧户外项目、萌宠乐园、游戏活动，现在邀请亲朋好友购买还可以领取50元优惠券"，这样可以快速裂变精准用户。等到群内的活动完成之后，便立刻解散群。一般该类型的社群适合门店短期内开展大促活动。

专属定制型社群一般承接的都是客单价很高的客户，因为它有很强的变现能力，所以运营的时候需要花费很大的心思。比如，逢年过节的时候给他们定制精美的礼物；活动的时候为他们设计专属邀请函。另外，还要给他们设计一些专门的特权活动，以此加强他们与品牌的情感连接。

利他福利型社群是以转化复购为目的，适用于高频、低价、复购率高的门店。一般经营这类型的社群，最主要的是让客户认识到社群能给他们带来什么样的利益和好处。有了利益的捆绑，大部分客户都不会选择退群。这类社群商家在日常生活中无须过多操作，只需将店里的优惠活动推送到群里，客户就会默默抓住眼前的好处，然后果断下单。为了提升工作的效率，商家可以充分利用微信的自动回复功能，以节省时间和人力成本。

内容运营型社群一般承接的是那些有明显特征的客户。在运营这类社群的时候，最重要的是定期在群内分享一些干货知识，提升客户的认知，增强客户的黏性，久之当客户对社群形成依赖后，变现就能水到渠成。

2. 目标客户细分

这是运营社群很重要的一步。通过细分客户，来给客户打上合适的标签，从而对他们进行精细化管理。具体来说，应该如何进行目标客户细分呢？商家可以根据客户特征进行分析概括，具体包括客户的居所、年龄范围、性别、工作行业、受教育程度、家庭成员数量、宗教信仰、生活形态、消费行为等要素；还可以按照客户所带来的价值大小，将客户分为大客户、重要客户、普通客户、小客户等；也可以根据客户生命周期给他们贴标签，然后按照客户的标签属性进行精细化运营。

比如，某个连锁火锅店，在频繁消费的客户身上打上"互动达人"的标签，然后根据此标签，火锅店定期向他们发出"神秘消费者"的活动邀请，引导他们到指定的门店消费，并且让他们给门店的菜品、服务、环境打分，这样既可以提升门店的服务质量，又能巩固门店和客户之间的信任关系。

3. 构建社群激励体系

为了提升客户活跃度，增强客户黏性，商家可以采取一系列激励措施。比如，产品激励，即通过秒杀限定产品刺激社群内成员参与活动；精神激励，即对社群内活跃的客户给予公开的表扬和肯定，这样做一来可以帮助活跃者找到社群归属感，二来激励那些潜水者踊跃发言；群积分，引导客户完成日常签到、裂变、晒单等任务，任务完成可获得积分，而累计的积分又可以兑换产品。总而言之，通过一系列的激励举措，可以帮助社群提升客户留存率，进而提高销售业绩。

4. 搭建社群运营组合

如果仅依靠社群自身的功能开发经营客户，效果还不能达到最优。聪明的运营者通常会通过搭建一些组合来高效经营社群，如"社群+活动""社群+小程序""社群+会员经营+客户运营""社群+私聊""社群+游戏化",这些组合拳可以助力商家更好、更高效地管理社群。

5. 组织线下活动

社群成员要是在线上聊得比较投机,商家还可以组织他们完成一些线下活动。在活动开展之前,商家要想好活动的主题,选择好合适的活动场地,准备好基本的活动设施,策划好活动的基本流程。线下活动举办得顺利,不仅可以增强客户黏性,也能增强团队的凝聚力,为后面社群变现打下基础。

美国有个香槟酒厂曾经开展过一个调研活动,调查发现,在他们的线上有这样一群客户,他们消费次数多,购买金额大,而且一年四季这群客户的消费曲线并没有因为淡季和旺季而出现较大的波动,而是非常稳定地维持在某一个水平。后来,调查人员还发现这群超级客户并没有把香槟当作庆祝的饮料,而是把它当成了平时喝的饮料或者烹饪食物的调料。

在了解了这一点后,他们就将线上的这群客户组织到线下频繁开展沙龙活动,在活动中,这个酒厂的人员为这些客户提供了烹饪的场地和道具,而客户则向众人展示了如何用香槟做烘焙。随着线下活动的火热开展,越来越多的客户开始依赖这个团队,并且将香槟纳入他们日常用品的行列。

以上就是社群运营的五个操作步骤,商家在经营社群的时候可以做一个参考。最后,提醒商家,为了提升管理效率,在运营社群时还可以利用一些社群管理工具,如群活码、聊天侧边栏、客户群群发、群直播、群成员去重、群聊数据统计、群欢迎等，让运营效率事半功倍。

不过，不管商家使用哪种方式维护和管理客户，都应该遵守互动在先、营销在后的原则。举个例子，一家知名的餐饮品牌乐凯撒比萨在让客户买东西之前，先在社群里发起了一个"重酬！寻'波'启事"的活动，活动的内容是这样的："店内寻找波波元素，并拍照上传，票数排名前30可获得百元现金券，以及价值299元周边礼单。"在该活动的引导下，客户们纷纷完成了指定的任务，最后领到了一些奖品和福利。而乐凯撒比萨借助这次互动不仅扩大了品牌的知名度，还提升了门店的销量。

社群营销的核心魅力在于"裂变"

如果把社群比作一个鱼塘，那么社群里面的客户便是鱼。作为"鱼塘"的管理者，要想有取之不尽、用之不竭的"鱼"，最好的办法就是以老带新，完成裂变活动，这样商家就不用担心资源枯竭，更不用担心变现路径越来越窄。

裂变是一个以存量找增量的过程。商家在社群策划裂变活动时，一定要明白裂变有个非常重要的前提，那就是存量，也可以叫种子客户，它是启动整个裂变链条的源头。如果没有这些种子客户做支撑，裂变的雪球不可能越滚越大。那么什么样的客户才能称得上是种子客户呢？

首先，他们在社群里有很高的活跃度，对其他人有一定的影响力；其次，对门店有很高的忠诚度，喜欢和认可下的所有产品和服务；最后，必须是那些愿意推荐分享产品给其他人的客户。只有具备这些特征的客户才是种子客户，才能助力商家完成裂变活动。

了解完裂变的前提后，接下来就要考虑裂变的内在动机了，即让客户实现病毒式传播的内在动力是什么。一般来说，客户愿意将活动消息传递给别人，主要出于以下两个原因。

1. 物质奖励

每个人都有趋利避害的心理。裂变活动若是有了利益的牵引，那么客户传播的动力就会大增。

比如：

××婚纱摄影拍照福利来袭！39.9元报名全场五折！拍一套送一套，礼品我领到了，转发上面的文字＋图片，集18个赞，你也能领！联系电话：××××××××。

再如：

×××大酒店×楼

最后三天！全场买一送一！买一件送一件！

×××丝绸展销会清仓抛货

真丝裤子39元（买一送一）

真丝上衣59元（买一送一）

连衣裙139元（买一送一）

新款旗袍139元（买一送一）

活动：转发此信息到朋友圈，免费送198元丝绸围巾（全天不限量）

时间：早9：00—晚7：30

地址：××××××

这样的话术对于那些想薅羊毛的客户来说没有免疫力，他们看到后便会毫不犹豫地参与其中。

2. 精神激励

客户传播的动机除了物质层面，还有精神层面。一般来说，每个人都有分享欲，将一个带有优惠活动的链接主动分享出去，一方面，是因为他想把这份好处分享给自己亲近的人，让对方也获得这份实惠。另一方面，他作为第一个知道这个优惠活动的人，想迫不及待地告诉别人，以此彰显自己的优越感。所以，在策划活动时，可以充分利用人性中利他利己的特性为裂变助力。

了解完裂变的传播动机之后，接下来就要着手解决裂变文案的问题。那么裂变文案应该怎么写呢？首先，写裂变文案要抓住客户的痛点，即他越渴望什么，我们就越强调什么。只有抓住了客户的痛点，裂变文案传播效果才会更好。其次，裂变文案可以蹭一蹭热点，把热点人物、热点事件和裂变活动联系在一起，这样既可以减弱营销的意味，提升大家的接受度，也可以吸引眼球，让更多人看到裂变文案。最后，裂变文案要加一些引导性的话语，利于客户将注意力集中在转发分享这件事情上。如果文案的引导性比较弱的话，会严重影响传播的效果。

编辑完裂变文案后，就要选择以什么样的模式进行裂变了。一般来说，裂变模式分为邀请模式、助力模式、分销模式、拼团模式、跨界营销模式、集卡模式等几种。

（1）邀请模式。邀请模式是指邀请者和被邀请者同时得到福利。这种以老带新的模式实现裂变的速度最快。在使用这种模式时，一定要记得给邀请者和被邀请者一定的利益，这样裂变活动才能取得理想的效果。

（2）助力模式。在拼多多经常可以看到这样的裂变模式。它的表现形式有砍价、点赞、投票、拆红包等。如果你经常刷朋友圈，应该对这种模式并不陌生。

（3）分销模式。这种模式是指通过设置一定的分销提成或者分销奖励，形成一定的分销机制，然后引导尽可能多的客户，帮助你去卖产品或服务。客户只要推荐了好友或者好友的好友购买，便可获得一定比例的收益及佣金。而对于商家而言，利用这种模式可以帮助他们低成本触达客户，增加产品销量，撬动收益的增长。

（4）拼团模式。拼团模式是指邀请者发起拼团，与同样有购物需求的好友一起享受拼团福利，以此达到低价购物的目的。拼团模式的基本逻辑是通过分享获得让利。这是一种很好的裂变方式和营销手段。在此过程中，客户在商家的引导下获得了低价产品，而商家在客户的帮助下获得了更多的流量，双方实现了共赢。

（5）跨界营销模式。跨界营销模式是依据客户所表现出来的具有联系或者共性的消费特征，将不同偏好、产业、环境的消费群体联系起来，对一些之前没有任何联系的要素进行延伸、融合或渗透，从而彰显出独特的价值观念、审美情趣和生活态度，以此赢得目标客户的好感，最终实现跨界营销的利润最大化、市场扩大化。

（6）集卡模式。支付宝的集五福活动就是这个模式的典型代表，它是指当客户完成了某项任务，就可以获得一张卡片；而当集齐几张卡片后，就可以获得一定奖励的模式。

以上就是常见的几种裂变模式，商家在营销的时候具体使用哪一种模式裂变，要根据自身的实际情况确定。

最后提醒商家，在传播裂变的过程中，首先，一定要遵守社交平台的规则，不可以恶意营销，诱导客户分享朋友圈；其次，不可以为了博眼球故意发布色情低俗、暴力血腥、政治谣言等各类违反法律法规及相关政策规定的信息，否则不仅可能遭到平台的处罚，而且还会损害商家自身的形象。

用预售套餐打造社群交易体系

预售套餐模式可以说是门店销量增长的一把"尖刀"。我们建议有一定粉丝基础的商家都可以尝试开启这种销售模式，尤其是那些应季新鲜型商品的采摘、收购、加工等环节的商家，或者那些具备优化制造业生产供应链环节的商家更适合采用这种销售模式。通过这种销售模式，商家可以提前蓄客，争取实现盈利的最大化。

某地一个早餐店为了增加销量，先是在门店附近的地铁、写字楼、社区门口这些人多的地方引流，让大家扫描进群，凡是进群的人都可以在第二天早上免费获得一个包子或者鸡蛋。人们看到这个小福利，多少有点心动，于是顺手就扫了二维码，进入了社群。

进群之后，早餐店的老板又把店里的套餐详细介绍给客人，并且告诉大家可以提前预订店里的早餐。很多人为了第二天上班方便，早早就给老板付了钱，订了自己喜欢的早餐。老板提前备好餐，第二天早上客户凭着编号很快就领到了自己的早餐，这种预售模式不仅提升了早餐店的销售额，也让客人更早、更高效地买到了早餐，可谓一举两得。

这是抖音账号"阿伦聊餐饮"里分享过的一个成功的社群预售案例。

这种"先卖再产"的预售模式既减轻了门店在短时间内运营的压力，又快速增加了门店的销量，对于门店而言好处多多。大家不妨借鉴上述案例的营销策略，在自己的社群里开展预售活动。不过，在策划此类活动时，需要注意以下几个方面的内容。

1. 活动前在群里做好预热

每年的"双十一"活动开展之前，很多商家都会提前十几天通过直通车引流、营造活动氛围等形式进行预热。这样做的目的就是为即将到来的活动传播造势，让客户提前了解活动内容，激发他们购买的热情。同样的道理，在社群预售，也不能缺少预热这一步骤。

在预热的时候，想好即将发送的预热文案、产品介绍、预售规则，以及客户会获得什么样的优惠，最重要的是引导客户提前下单，支付订金。

比如：

【今晚20点付订金】

热卖爆品不止5折；

指定款商品下单送好礼；

付订金即可参与抽奖；

棉棉卡充999得1345套餐。

要想让预售产品取得好的销售效果，除了写好预热文案，还要会运用FABE法介绍产品的卖点。FABE法即利益推销法，其中的F（Features）

代表商品本身的某种特性，包括用的什么材料、具体功能、技术含量等。例如，"这款美白防晒霜 SPF50+，它质地轻盈水润不油腻，特含烟酰胺、天女木兰双重美白精华，有效隔离紫外线的同时美白焕亮，改善因日晒引起的晒斑、晒黑问题，让你防护防晒无惧骄阳，肤色均匀、更清透亮白"。A（Advantages）代表某种特性的优点，包括更加耐磨、续航时间长、画质清晰等。比如，"这款蓝牙耳机采用高性能电池搭配低功耗蓝牙芯片，持久续航，玩游戏听歌爽配"。B（Benefits）代表某种优势能够带给顾客什么样的好处，比如，"这款空调经过 4000+ 次实验测试，基于第一代ECO 算法上叠加精准控温算法，打造全新酷省电模式，节能率可以提升25%""优于新一级能效国家标准，比旧变频三级一年节省电约 275 度（约等于 165 元），十年省下一套入门级空调钱"。E（Evidence）代表证据，无论产品文案讲得多好，都需要顾客认可才行。那么如何才能取得客户的信任呢？商家可以提供权威的证明文件等为产品正名。比如，"海尔冰箱全空间保鲜科技荣获 34 年来冰箱行业首个专利金奖"。当然，还可以通过一些测试实验证明产品的质量好，比如"这个行李箱承重能力非常高，走累了就算直接坐上去也不会变形，它的最高承重可达 160 斤"。

FABE 法是一种基础且有效的产品介绍方法，灵活运用这种方法介绍产品可以高效提高产品的销量。

2. 倒计时渲染氛围

活动快开始的时候，可以发送一些倒计时话术，以此来渲染抢购的紧张氛围，这样客户很容易被快的节奏感染做出下单的决定。

比如：

还没买＃熊猫听听＃的姐妹注意啦！

购机优惠活动倒计时，怕你赶不上，我再招呼一声哈！

799元首发价返场，还有暑期活动加持！

（1）代言人返现50元！

（2）参与打卡再返现40元，活动最后两天！

（3）限时加赠价值599元的一套7个国学盒子，还有最后几个名额啦！

【××妈妈想说】：除了上面的爆炸福利外，熊猫听听更吸引人的是它的性能，大内存和强大的资源，摩比爱古诗、熊猫识字、熊猫博士国学、摩比爱数学、Raz和牛津树分级……还有量身定制学习计划，平时单买得50000元＋呢！

在孩子学习生涯里，熏听机反正都要买一款的，就买个大内存，资源丰富、性价比高的、一步到位的吧！

心动的姐妹一定要这次买，前所未有的福利，太划算了，扫码即刻跟团。

这是"小布在家早教"的社群里写的预售文案。可见活动快要开始时，商家只有预热到位，才能及时提醒那些忘记参与活动的人。另外，倒计时所烘托出来的紧张氛围可以激发用户冲动消费的欲望。

3. 设计"钩子"，提升客户转化率

有些预售活动，虽然前期的准备工作做得很到位，但是参与购买的客户却寥寥无几，这时商家可以为他们提前设置一个"钩子"，比如，预售大额优惠券、订单抽奖等，而且奖品要对客户有很强的诱惑力，这样才能促使他们加快购买的行动。

4. 售后追踪

对于未成交的客户，商家也不能轻易放弃，因为他们也是潜在的消费者，这次不消费，并不意味着以后没有消费的可能。所以活动过后，要记得一对一跟进，争取最大限度地挖掘他们的价值。

第七章

私域复购心法，让门店流量变"留量"

客户流失如何正确应对

在创业初期，很多商家挖空心思引流拉新，等到好不容易构建起了自己的私域流量体系，新的问题又出现了：流量池里的客户不断流失。而客户的流失意味着他们的复购率严重下降，商家的利润受损，对此很多商家都焦虑不已。其实，在自然状态下，客户流失率每年保持在10%~25%是一件很正常的事情。

不过，这并不意味着商家不需要重视这件事情。认真研究客户流失现象，防止关键客户流失是所有商家都应该考虑的事情。下面我们就盘点一下客户流失的几个原因，以此帮助商家更好地调整管理策略。

1. 过度打扰客户

很多商家把客户吸引过来之后，就使劲推销自己的产品和服务，更有甚者一天发送十几条推销信息，客户被扰得不胜其烦，于是只能选择删除商家，或者退出社群。

2. 群里没有良好的互动

前面说过，社群有一定的生命周期，如果后续商家没有好好维系这个群，那么渐渐地大家就会将这个群遗忘。后面即使他看到群里发的信息，也没有归属感，认为它无关紧要，甚至觉得留着这个群会占据大量手机内存，从而选择退出了事。

3. 糟糕的客户体验

很多客户刚开始在利益的诱惑下匆匆加入社群，后来在群里消费几次后发现产品和服务质量并没有达到自己理想的状态，便在群里吐槽式要求退款退货，商家态度敷衍，推卸责任。在这种情况下，社群肯定留不住人。

4. 竞争对手的抢夺

现在是一个供大于求的时代，如果客户哪天发现商家的竞争对手的产品和服务性价比更高，那么他会毫不犹豫地投身商家竞争对手的"怀抱里"，毕竟对他而言，选择一个质优价廉的产品更符合自身的利益。

5. 可供选择的产品太少

如果商家的产品或服务太过单一，那么就会让客户产生审美疲劳，时间久了，他们自然会追求更多元化的消费，而不会让自己在同一棵树上吊很久。

6. 商家言而无信

在引流的过程中，客户因为看中商家抛出的大额优惠或者福利赠品而选择加入社群。结果，在进入社群之后，商家之前承诺过的种种好处都无法兑现。不管商家出于何种理由，这种食言而肥的行为都会让人反感，所以客户退群是一件必然会发生的事情。

7. 商家的服务意识不强

有一些商家前期靠口碑和推荐获得了一批客源，但是他们的服务意识不强，后续对客户的维护和管理过于疏忽，或者处理问题的时候，态度比较冷漠，语气不太友好，这样也会流失掉一部分客户。

以上就是导致客户流失的几种常见原因。了解了这些原因之后，商家就要积极改进，对症调整和改善营销策略。下面我们介绍几种防止客户流失的方法，希望对商家有一定的帮助。

1. 产品和服务要迎合客户需求

现在的科技更新迭代的速度非常快，市场环境也是千变万化，人们的需求也不可同日而语。这个时候，如果商家不主动升级产品，优化服务，那么将很难留住原有的客户。商家只有不断迎合客户的需求，跟紧市场的脚步，才不会被客户所淘汰。

2. 对客户进行分层营销和管理

对于私域流量池里的客户，不能用同一种方式进行营销和管理，这样无法精准地满足每一位客户的需求。为了更好地留住客户，也为了提升他们的复购率，商家需要根据客户的购物偏好、购物能力、购物周期等对他们进行分层营销和管理，并提供个性化的服务，这样才能更好地提高客户的留存率。

3. 及时和客户沟通，巩固与客户的关系

一段关系要想走得长远，沟通和交流必不可少。通过双方的沟通，商家可以了解客户的不满，清楚客户内心的需求，及时解答他们心中的疑

虑，从而博得客户的好感，获得他们的信任，为后续的复购打好基础。

4. 提高客户的参与度

平时在社群里多设置一些互动环节，比如签到领积分、接龙游戏、有奖问答等，这些活动可以很好地调动客户参与的积极性，久而久之，浏览社群就会成为客户每天的习惯，而这个习惯一旦养成，后面退群的可能性就会大大降低。

美国的营销学者赖克海德和萨瑟经过调查研究发现：一个公司的客户流失率如果能降低 5%，那么其利润就能增加 25%~85%。由此可见，重视客户的留存率是一件非常重要的事情。为了更好地保持经营的利润，商家不妨试试上面介绍的这几种方法。一般来说，每个阶段，客户流失的原因都不一样，所以应对方法也有所区别，大家在使用这些方法和策略时要根据自身的实际情况灵活运用。

提升客户忠诚度的七个方法

客户的忠诚度，是指客户对某一特定产品或服务产生了好感，形成了"依附性"偏好，进而重复购买的一种趋向。从它的定义不难看出，客户的忠诚度关系着他们的复购率。一般来说，客户对商家或品牌越忠诚，其复购的概率就会越大。那么作为商家，应该怎么做才能提升客户的忠诚度，从而让他们成为自家产品或服务的忠诚追随者呢？下面是几个实用的指导方法。

1. 深刻挖掘客户的价值取向和内心需求

客户对品牌或产品忠诚与否，很大程度上取决于品牌或产品所传达出的价值观是否能够获得客户的认可，是否能在客户内心引起情感的共鸣，是否能满足客户内心的需求。如果答案是肯定的，那么客户对品牌或产品的好感度会直线上升，而且在未来的购物过程中，他内心的天平也会不自觉地向你的品牌或产品倾斜。

2. 为客户提供高性价比的产品和服务

质优价廉几乎是每一个购物者内心最理想的购物追求。所以，如果商家的产品质量过关，且价格低廉，那么在市场上绝对占有很大的优势，毕竟赚钱的辛酸，每个成年人都懂，若是能以最低的价格买到品质最好的产品，实现个人利益最大化，那自然是最好不过的事情了。所以，大家面对高性价比的产品和服务，多次复购是很正常的事情。

3. 提升员工的忠诚度

众所周知，去过海底捞的客户都会被他们细腻贴心的服务感动到，所以大部分人都愿意去他们的门店进行多次消费。那么为什么这家品牌门店的客户忠诚度如此之高呢？其实这跟他们门店的员工有很大的关系，这些员工的服务细致到客人洗完手后会及时递纸巾，吃完饭后会及时递漱口水的程度。那么他们为什么会对客人如此上心呢？其实这与员工的忠诚度有直接的关系。一般来说，员工忠诚度高的企业，客户的忠诚度也高，因为客户所获得的产品和服务都是通过与员工接触得来的。海底捞的领导者正是明白这个道理，所以才不遗余力地给员工提供各种福利政策，好好服务他的员工，而员工被服务好了，就自然会善待店里的顾客。而顾客受到优待，忠诚度自然就会提升。

4. 遵守 80/20 原则

这个原则是 19 世纪末期与 20 世纪初期的意大利经济学家兼社会学家维弗雷多·帕累托提出的。它的大致意思是指在任何特定群体中，重要的因子通常只占少数，而不重要的因子则占多数，因此只要能控制具有重要性的少数因子即能控制全局。具体到企业管理上，你会惊讶地发现，企业 80% 的收入来源于 20% 的客户。所以，为了保证企业的利润持续稳定地增长，在经营客户的时候，一定要把重点放在这 20% 的高价值客户上。积极了解这部分客户的需求和偏好，给他们提供优质的服务，提升他们的满意度，这对于培养他们的忠诚度有很大的帮助。

5. 给客户送一些节日的惊喜

逢年过节，商家可以花费心思为高价值的客户挑选一些有新意的小礼物，并送上一些祝福的话语，这样客户的心里会倍感温暖。而博得客户的好感和信任之后，客户自然会多次到你的门店或者社群来消费。

6. 积极与客户沟通，让客户参与进来

商家可以经常在社群举办一些投票抽奖活动或产品调研活动，以此引导客户积极参与。当客户与某个品牌或产品多次互动之后，他就会觉得自己跟这个品牌或产品有密切的关联，从而不会轻易转换阵营。

7. 真诚耐心地对待客户

一天，一位老人家里来了一位女保险推销员，双方在寒暄过后，就开启了愉快的聊天模式。因为双方聊得很投机，所以没多久两人就俨然成了一对亲密无间的母女。因为老人常年独居，生活有很多不便，所以推销员便帮助老人做了一些力所能及的事情。

然而不幸的是，不久后老人便去世了。推销员得知消息后非常伤心。不过想起自己陪在老人身边的时光，她心里总算有了些安慰。这也更加坚定了她"做保险就是做服务"的信念。

一个月后，老人的女儿突然找到了保险推销员，并且告诉她，自己非常感谢推销员在母亲生前给她提供的真诚的帮助，让她享受到了难能可贵的快乐时光，所以做女儿的为了表达感激之情，特意想在她这里买一份保险。这位推销员在惊诧感动之余，与那位老人的女儿签订了一份20万元的保单。

这个故事告诉我们真诚耐心才是经营客户的必杀技。故事里的推销员正是因为有了前期一次次的真诚投入，才让客户以及家属有了深深的信任感，培养起了她们的忠诚度。

品牌或产品营销的最高境界是情感营销。当你对客户投入真正的情感，对他们的困扰细致耐心地讲解，对于他们不满意的地方竭尽所能地提出补救的措施时，客户才会愿意为你的真诚和善良而买单。

管理大师彼得·德鲁克曾说过："企业经营的真谛是获得并留住顾客。"以上这些方法可以助力商家培养客户的归属感，让双方打破单纯的买卖关系，提升客户对品牌或产品的忠诚度。

构建良好的信任关系，提升客户转化率

在《推销大师的语言艺术》一书中有这样一个故事：威伯是一家生产自动化养鸡设备公司的经理。有一天，他发现宾夕法尼亚州的销售业绩很不好，于是他找来了该地区的销售员询问情况，谁料那个销售员一上来就皱着眉头吐了一大堆苦水："那个地方的农民很富裕，但是他们就像铁公鸡一样一毛不拔，根本不会买你任何东西。"威伯不可置信地看着销售员，销售员见领导不信任自己，又斩钉截铁地说："我试过很多次了，没有一点希望。"威伯听后心里还是不服气，执意想去当地看看。一心想向威伯证实自己所言非虚的销售员便故意将威伯带到了一个最难缠的客户那里。

到了那户农家以后，威伯试着敲了敲门，谁料门里的老太太打开一看威伯身后的销售员，二话不说，随即把门关上了。后来，威伯又敲响了门，笑着跟满脸怒气的老太太说，自己不是来卖电器的，而是买鸡蛋的。看老太太一脸的质疑，威伯随即又把话题引向了老太太的"美尼克"鸡，他说自己养的鸡没有老太太养得好，鸡蛋也没有老太太的"美尼克"鸡下得有营养。一顿赞美瞬间把老太太夸得心花怒放，于是二人开启了愉快的聊天模式，谈话中，威伯又看到了老太太的丈夫所养的牛栏，他大胆猜

测:"您养鸡赚的钱一定比您先生养牛赚得多吧!"老太太又高兴地点了点头。后来,他们走进鸡舍,还谈起了鸡饲料和机械的问题,二人聊得非常投机,最后故事的结尾是:老太太主动向他咨询了有关鸡舍安装自动化电器的问题,并且征得威伯的意见后,买了他们公司的一台设备。

有人说,成功销售的97%都在于建立信任感,确实如此,当案例中的威伯通过聊天打开老太太的心门,双方之间建立起信任感之后,销售几乎就是水到渠成的事情了。那么,在私域流量运营中,也同样需要构建买卖双方的信任感。双方只有建立起信任的桥梁,客户的转化率和复购率才会提升。那么具体来说,应该从哪几个方面入手呢?

1. 为自己打造一个靠谱的人设

在客户面前,一定要向他展示自己专业权威的一面。尤其是在推销环节,你要以一个专业者的姿态向客户传递有关产品的信息,比如,"这个空调之所以制冷这么快,是基于智能PI控制器和高精度速度观测算法,压缩机数秒之内高频启动,所以它30秒速冷,瞬间就能赶走身边的闷热感"。这些专业术语可以给客户一种值得信任的感觉。他听完之后,会觉得你是这方面的专家,关于工作的原理也能解释得头头是道,肯定值得信赖。

当然,除了在客户面前展示你专业的素养之外,还可以在朋友圈布局,告诉客户你是一个真真实实的人,而不是网络里那些不敢露面的欺诈者。为了达成这一目的,你可以经常在朋友圈分享自己的生活日常,比如,今天吃了什么美食,明天和好朋友一起打卡哪个好玩的游乐园,当然也可以晒一些工作的日常，比如，今天成交了多少订单，吐槽一下自己一天的工作状态，分享一下和同事的工作合影，等等。这些软性的植入不仅不会引来客户的反感，反而让他们觉得你是一个真实可信的人。

2. 利用权威的人和物为自己的产品背书

大家对权威的人物和机构有一种天然的信任感，所以在进行产品介绍时可以这样写："那双潮牌鞋子是大明星××的同款，它很受当代年轻人的喜欢，大家就喜欢这种酷酷的街头风。""这款鼻精灵二合一驱蚊液，是知名消费科技大牌鼻精灵BEGGI旗下的2022年度新品，它以创新的二合一功能设计和美感十足的产品曲线，获得本届美国缪斯设计奖（MUSE Design Awards）银奖。"有了这些权威的背书，客户对产品的信任感和认可度就会直线上升。

3. 在群里晒客户的反馈

俗话说："金杯银杯，不如老百姓的口碑。"商家与其"老太太卖瓜，自卖自夸"，不如多引导客户在社群晒单，然后再发表自己的使用感言，这样比任何广告语都有效。比如，同样一款洗衣液，商家的描述文案是这样的："我们添加了高效洁净因子，它可以深入衣服纤维，剥离污渍到水溶液中，随水去除。"而群里客户对它的反馈是这样的："这款洗衣液我买回来已经用了有半个月了，味道很好闻，而且配方也很温和，洗的时候手没有受伤，最关键的去污能力是真的好，女儿的好几件有污渍的衣服，都被清洗得干干净净，必须给商家一个大大的好评！"比起前面枯燥专业、刻板的语言介绍，显然客户的这段真实、接地气的反馈更值得信赖。

4. 拉近与客户之间的距离

我们都知道，人与人之间距离越近，信任度就越高。所以，对于无话不谈、朝夕相伴的亲朋好友，我们会保持天然的亲近感和信任感。而对于素未谋面，或者只见过几面的陌生人，我们会和他保持距离，且存有一定的戒备心理。因此，商家要想方设法拉近与客户之间的距离，慢慢与他们变得亲近，这样双方之间的信任感才会建立起来。

那么，具体来说，应该怎么做呢？私域流量的运营者在跟客户交流沟通时，语言要柔和亲切，并且保持足够的礼貌，比如，"您对我们的产品还不是太了解，对吧！如果您有时间，我现在帮您详细介绍一下""您反馈的这个问题很重要，我会回去跟领导多商量商量，看看怎么才能妥善地解决一下。后续一定会给您一个满意的答复！"这样平易近人的话很容易博得客户的好感，也在无形中拉近了双方的心理距离。另外，商家还可以利用平时的时间多和客户聊聊家常，如孩子的教育问题，今天的天气状况如何，路上的交通堵不堵等，类似这样的话可以增强自己与用户之间的感情。正所谓，一回生，二回熟，说话的次数多了，彼此之间的熟悉感就上来了，关系也就近了。

5. 有效解决客户的痛点

很多时候，客户之所以不敢多次购买，是因为他们内心还有顾虑。此处以卖麻辣烫为例，通常客户都很喜欢吃味美价廉的麻辣烫，可露天售卖的麻辣烫很容易混进去灰尘和尾气，而且很多摊主好几天都不换一次汤底，这样很容易让客户吃出健康隐患。另外，麻辣烫是一锅煮出来的，所以很难满足客户个性化的需求。这些都是客户的痛点，如果商家无法解决，那么就很难让客户多次消费。

所以，对于卖麻辣烫的商家而言，建立客户信任感的第一步，就是改进煮菜的方式，并严格遵守两小时一换的原则。另外，还可以将麻辣烫的调料和水分开，让客户根据自己的口味，自己 DIY 汤料，这样既保证了食物的安全，又满足了客户多样化的需求。而解决了客户的痛点之后，他们自然就会愿意多次消费。

以上就是构建用户良好信任关系的几种实用方法。通过这些方法，可以提升客户的转化率，让你的私域流量池有更多变现的机会。

善于挖掘和创造客户需求

关于如何挖掘客户需求，网上一直流传着这样一个经典的销售案例：

一天，菜市场走进来一位老太太，她买完菜后径直走到水果摊前笑着问道："这个苹果好吃吗？"商贩自信地答道："这苹果又大又甜，非常好吃！"

老太太听后却不是很满意，又来到另外一家水果摊前问了同样的问题，第二个商贩告诉她，自己这里有两种苹果，问她想要哪一种。老人说她想要酸一点的。商贩听完之后说道："我这里正好有酸苹果，口感清脆，吃得非常过瘾，而且卖得很好，很多人都来抢购，你也来几斤吧！"于是，老人便从他这里买了一些苹果。

后来，老人又经过一个水果店，相同的问题她又问了一遍。第三个商贩答道："我这里的苹果品质都很好，请问您想要什么样的苹果呢？"老人说："要是有酸苹果就好了。"商贩试探性地问道："大部分顾客买苹果都问甜不甜，您为什么想要酸的呢？"老人回答："我儿媳妇怀孕了，老想吃酸的东西。"

商贩笑呵呵地说道："您真是一个贴心的好婆婆！大家都说，酸儿辣女，您儿媳妇想吃酸的，那肚子里怀的多半是男孩。恭喜您啊！快要抱大胖孙子了！"老人听了这些话，笑得合不拢嘴，随即又买了几斤苹果。商贩一边称苹果，一边问老太太："现在正是胎儿形成之际，一定要多多补充营养啊！您知道吃什么对胎儿最好吗？"老人说："这个我也不太懂，你给推荐一下，看吃哪些水果对肚子里的孩子好。"

商贩笑嘻嘻地说道："一般孕期不仅需要补充大量的维生素，还需要补充叶酸，它能够促进胚胎正常生长发育。所以，我觉得您儿媳妇不光要吃酸苹果，还要吃一些猕猴桃，因为它里面不仅含有丰富的维生素，还含有大量叶酸。"老人听后很认同地点点头，于是又买了二斤猕猴桃。

在上面这个故事中，为什么面对同样的顾客，三个商贩的销售业绩各不相同呢？其实关键在于他们有没有挖掘到客户的需求。

第一个商贩只看到了客户的要求，但是他忽略了客户的需求，所以一斤苹果也没有卖出去。第二个商贩通过提问的方式了解到了客户的需求，所以他比第一个商贩卖得更好一些；而第三个商贩，不仅挖掘到了用户的需求，而且还主动引导客户，创造出了客户的需求，所以他实现了利益的最大化。

这个故事告诉我们：商家的生意好不好，关键看他会不会挖掘和创造客户需求。当客户的需求被激发出来之后，做出购买的决定便是顺理成章的事情了。那么在运营私域流量的时候，应该如何挖掘和创造客户需求呢？首先，应该搞清楚客户的需求都有哪些，这样才能做到有的放矢。

美国心理学家亚伯拉罕·马斯洛在《人类激励理论》一书中提到：人类的需求像阶梯一样从低到高按层次分为五种：生理需求、安全需求、社会需求、尊重需求、自我实现的需求。产品或服务都是围绕人的这些需求展开的。另外，根据客户的表现，也可以将他们的需求分为隐性需求和显性需求。

具体采用什么样的方法和策略挖掘客户需求，这还要根据客户的实际情况决定。比如，对于显性需求，销售员只需要通过提问的方式就可以轻松获得答案。比如，"您想要买哪种类型的衣服？""您更喜欢哪种口味的冰激凌"类似的提问就可以轻松挖掘到客户的需求。而对于一些隐性需求，则需要销售员结合客户的实际情况进一步挖掘。比如，"对光比较敏感，且睡眠质量不好的人很需要一个眼罩"，这是客户的隐性需求，如果销售员不主动引导，客户也许还意识不到自己有这方面的需求。

以上就是关于客户需求的详细介绍，接下来我们了解一下挖掘用户需求的方法和步骤。

一般来说，在挖掘客户的需求之前，先要玩一个角色扮演游戏，就是商家把自己当成客户，然后走进客户所处的生活情景，接着推断出他可能面临的需求和痛点。找到客户的痛点之后，就可以分析这个痛点会给他造成什么样的影响，当他意识到需要尽快解决这个痛点时，商家就可以适时引出自己的相关产品或服务，来达到销售的目的。

举个简单的例子，有个早教机构的销售员向一个孩子的家长推销一套儿童识字卡片，但孩子的家长并不愿意购买。后来，这个销售员给这个家长发了这样一条信息："咱们家的识字卡片非常适合您的孩子，您想象一下，如果他经年累月，把这些卡片上的字全部学会，那么业余时间就会捧着自己喜欢的书认真阅读了。孩子有了正经的事情要做，所以根本不会在无聊的时候看手机了，更不会缠着父母和他一起玩儿。这给您省下了很多亲子陪伴的时间呢！您可以做自己想做的事情！"销售员的一席话说得家长立马就改变了原来的态度，痛快地掏钱把这套卡片买了下来。

在上面这个案例中，一开始无法成交，其根本原因还是没有挖掘到家长的需求。而聪明的销售员则站在家长的角度思考问题，进而联想到家长们普遍存在的痛点：孩子不认识字，也无法独立阅读，无聊的时候只能缠着家长，或者看电视和手机打发时间，于是销售员在戳破家长的痛点的同时，也为她提供了解决问题的办法：买一套识字卡片，这样孩子既能学到知识，还能培养好的阅读习惯，更重要的是孩子有了独立的学习习惯，家长也能腾出很多自由的时间。而家长的需求一旦被挖掘出来，并且适时得到满足，那么这笔交易就立马达成了。

以上就是挖掘客户需求的关键步骤,商家在使用时一定要随时查看客户的反应,如果效果不明显,就要用一些引导性的问题引导客户说出心中的顾虑和难题。另外,还需要认真聆听客户的诉说,通过他的语言捕捉他的意图,这样才能大大提升客户转化率。

借助工具高效精准地触达客户

通过引流裂变将客户吸引过来后,应该怎么维护他们呢?怎样将这些流量变成存量呢?下面我们推荐微信的 6 个工具:个人微信号、企业微信号、公众号、微信群、视频号、小程序。通过这六大工具,商家可以轻松触达客户,从而对他们进行高效管理。

1. 个人微信号

这是留存客户最常见的一种方式,也是企业或商家构建私域流量池必不可少的手段。利用个人微信号可以直接触达客户,在此过程中,商家既不需要花很多时间,也不会浪费钱财,更不受地域的限制。换句话说,当商家需要向客户传递某个活动内容时,利用微信号可以快速、准确地完成任务。另外,商家还可以在个人微信号设置自己的头像、昵称、个性签名、相册封面,然后运营自己的朋友圈等,以此树立个人形象,建立客户信任,增强客户黏性。总而言之,这样好的渠道自然是留存客户的首选。

最后，需要提醒商家的是，在维护和管理客户的时候，要把握好分寸，即什么时候该发信息，该发什么样的信息，发信息的频率是多少等，商家要心中有数。如果一味地狂轰滥炸，客户会感到反感，尤其对于那些购买意愿不强的客户而言，这样做更是一种压力和骚扰。

2. 企业微信号

企业微信号是在企业版微信软件中申请的微信号，是微信为企业客户提供的移动服务，旨在提供企业移动应用入口。企业版微信与平常所使用的微信有相似的沟通体验，简单易用，零成本上手，用熟悉的方式工作。可以添加客户的微信，在单聊、群聊、朋友圈、视频号中向客户提供持续的服务，还可结合小程序、支付等能力，集成文档、日程、会议等协作工具及打卡、审批等OA应用，提供丰富的第三方应用，同时支持接入由服务商代开发及企业自建的应用。与个人微信号的容量不同，企业微信可容纳50000好友。

总而言之，企业微信号功能完善，既可以帮助商家对客户分层，又可以利用第三方应用接口帮助商家更好地处理自身与客户的关系，从而为客户提供高质量的服务。

除了功能强大之外，企业微信号也很安全，不用担心频繁加好友、被添加、朋友圈发广告，就会遭到封号。只要不发布、转发违法犯罪或违反规定的内容，账号就是安全的。

3. 公众号

公众号是活跃客户和留存客户的一个很重要的渠道。具体来说，可以用优质、原创的内容吸引客户。比如，如果你是婴幼儿领域的账号，那么你更新的内容也应该和母婴的需求有关，如《爸爸妈妈们，这份夏日防蚊攻略一定要接收！》《学步鞋选不好，当心毁了宝宝的腿》，这样的干货内容可以吸引客户的注意，培养客户的忠诚度和黏性。而且内容一定是原创，这样才能避免客户因为同质化的内容而丧失关注热情。

另外，如果有客户在后台留言一定要及时、用心回复，这样才能给客户一种被重视的感觉，从而成为你的忠实粉丝。此外，商家还可以利用公众号上的数据统计功能，分析客户留存率的走向。

最后，商家还可以经常发起一些线上活动，如留言、点赞、答题、投票、抽奖、分享等，再如线上完成某项调研活动，完成后可领取礼品等。这些任务都可以活跃客户，提升客户的留存率。例如，珠海的一个连锁甜品店古春堂在2022年春季发起了一场"承包你一年的凉茶"大型活动，活动写出了这样的标语："谁敢一口闷，请你喝一年。"后来，他们把这个活动发到了本地的公众号，公众号上的用户看到"成功挑战一口喝完一碗凉茶，有机会获取全年凉茶免单及海量优惠券"的信息后，顿时心动不已，在短短的14天时间里，就有超过1万人参与活动，这样既提升了品牌的知名度，又为门店留存了很多客户。

4. 微信群

微信群是商家留存客户的主要渠道，它借助一对多的超强传播效力轻松帮助商家锁定更多客户。具体锁客的技巧有哪些呢？首先，可以在微信群里定时发红包雨，一般来说，客户对领红包这个事情没有丝毫抵抗力。

在设置红包的时候，记住秉持大包少数、小包多数的原则，并在红包的封面上标注上想要表达的话。

比如"×××美白淡斑精华套装，预售468一套""消费满200元可获得50元优惠券""祝大家中秋快乐""感谢大家的支持""各位朋友早上好""朋友们，晚安"，这些话既可以传递信息，又可以活跃群氛围，还可以让客户感受到温暖，从而培养出信任感和亲切感，商家可以试一下这个方法。

其次，给客户提供一些有用的知识，如"不想宝宝学步出错，这些你一定要知道！""高热惊厥不惊慌，做好护理更重要"等。给大家普及这些知识有助于培养用户的忠诚度。

然后，商家在设计群发内容时要注意一定要引起客户的共鸣，否则就失去了群发内容的意义。同时，在群发内容时也要传递出对客户的尊重及关爱之情，这样才能拉近彼此之间的距离。

在群发内容时，除了要选择合适的内容，也要选择在合适的时间段发布。一般晚上8时到10时是群发的黄金时间段，这个时候大家结束了一天的工作，正好有时间翻阅群发信息，在群内互动。另外，周末和节假日的发布时间也要根据目标客户常规的作息时间调整。

最后，一定要给微信群制定一些规则，这样才能更好地留住客户。反之，如果没有群规的约束，群内可能会出现很多其他营销广告，或者一些负能量的东西，让群客户体验变差，而客户一旦对群不满，就可能会退群。

5. 视频号

视频号是微信生态中的重要一环。通过视频号的播放量、点赞量以及评论数，可以清楚地了解客户喜欢什么，不喜欢什么。另外，从视频的播放时长以及客户的停留时间也能看出他们的兴趣点，这些都是提升客户留存率的重要参考因素。此外，商家还可以通过分析客户终端设备来精准定位客户群体，从而为后续的维护和管理提供参考依据。

6. 小程序

微信小程序也是高效留存客户的一种手段。将小程序与社群、公众号、线下门店等相结合，可以形成营销闭环，避免了不同端口间来回跳转的留存损失。另外，还可以借助小程序举行一些营销活动，如签到、优惠券、拼团活动等，以此来增强客户黏性，刺激客户留存率和转化率。

以上就是留存客户的6个有效工具。商家在使用这些工具留存客户时，一定要塑造自己的品牌和声誉，确保商家的品牌在市场上有独特的定位和个性，让客户把你与竞争对手区分开来，只有这样才能形成品牌忠诚度。

如何培养客户的复购习惯

1. 客户产生复购的心理

在一部日本电影《街角洋果子店》中有这样一位老太太，她每次都会在固定的时间到一家面包店购买面包,有时店里出了新品,也会第一时间邀请她品尝。不过老太太的口味很挑剔,对于新品的评价亦多贬之词。但俗话说得好,"褒贬是买家"。因此,即使如此,老太太也还是坚持日复一日地购买,而且这种复购的习惯一直保持到她去世才停止。

很多商家都很看重客户的复购率,因为它直接关系到门店的盈利情况。如果店里的每一位客户都像这个老太太一样,形成复购的习惯,那么商家就不用担心没有生意可做了。但在现实生活中,这样的优质客户少之又少。那么商家要怎么做才能培养起客户的复购习惯呢?要想弄明白这个问题,商家首先得了解客户愿意多次购买的心理是什么。只有如此,才能制定出有针对性的引导策略。

(1)客户习惯了定期、定量地使用某个产品

就像抽烟喝酒的习惯一样,客户对某个产品或服务已经形成经常性的依赖,到了某个特定的时间他便会准时使用某个产品或者服务,这已经成为他的习惯,复购就是理所当然的事情。

某个医疗器械公司定期为社区的老年人提供免费的血压和血糖的检测,有时还带着大家一起了解一些健康常识,为大家科普养生小技巧。对于这样的活动,老年人乐此不疲地去参加,时间久了,准时进店成了他们的习惯,那么复购也就成了顺理成章的事情。

(2)客户形成固有的认知

在广告里,我们经常可以听到这样一些话:"怕上火,就喝王老吉""装修就上齐家网!"这些广告语会强化客户的认知,占领他们的心

智，让他们一提到装修，就想到齐家网；--提到上火，就想到王老吉。这种固有的认知为客户进一步复购创造了条件。

（3）探索性购买

门店出了某个新品，客户虽然没有明确的需求，但还是想尝试使用一下，探索一下新品的功能和效果，这样也会形成复购。不过这种复购通常是针对某个有影响力的品牌，如果是新的品牌，客户对它没有太多的印象，或者品牌和客户之间没有建立信任基础，那么即便是推出新品，也很难产生复购。

2. 培养客户形成复购习惯的方法

了解了客户的复购心理之后，接下来我们再探讨一下怎样才能培养客户的复购习惯。主要有以下3个方法。

（1）给客户一个购买的理由

商家可以提醒客户使用的时机或者场景，就像我们在广告里经常听到这些话一样："送长辈，喝黄金酒""一天一粒，吃出好气色""订酒店，用携程""一年两次逛海澜之家！"这些广告词为客户营造了特定的使用时间和使用场景，从而引导客户养成多次消费的习惯。

（2）在产品或服务上安装触发器

商家可以在门口贴一张引导客户进店的海报，还可以推出"满额返券""消费抽奖""消费一个产品，会自动推送另一个产品的代金券"活动，如此有助于引导客户完成二次消费。

（3）2375法则

这个法则对于维护老客户、激活他们复购有一定的帮助，不过它通常更适用于服装行业。这里的"2"指的是客户成交两小时以内，给客户发送一对一的回访信息，比如"感谢您对我们店铺的支持，今天您购买的这件衣服是×××材质的，它的洗涤方法是这样的……""3"指客户成交三天之后再给他发消息，这个时候可以给客户传递一些衣服搭配技巧；"7"指的是客户成交之后的第七天，再邀请他去复购，比如"最近店里来了一批新款，×××诚邀您前来选购……""5"是指如果第七天没有邀请到客户，那么记得第15天的时候再邀请一次。通过多次售后回访，提升客户的复购率。

以上是培养客户复购习惯的一些方法。不过，不管商家用哪种方法激活客户，都要记得围绕客户的需求展开。只有这样才能更好地触发客户购买欲望，否则一切活动都是徒劳。

第八章

直播带货，助力门店焕发新生机

实体门店做直播带货有"钱"途吗

如今线上平台的直播带货火得一塌糊涂，面对这巨额的利益诱惑，很多商界大咖、明星艺人也纷纷加入直播带货的行列中。他们的参与无疑又一次掀起了电商直播的巨浪，他们也趁此机会，狂揽千万粉丝，赚得盆满钵满。而与红红火火的线上生意相比，线下门店却是冷清得可怜。尤其是在疫情期间，实体店的商家更是举步维艰，每天看着房租、水电、员工工资等这些固定费用如水般地哗哗往外流，但是口袋里却迟迟没有什么进项，心里很是着急上火。

迫于生存的压力，很多实体商家也打起了直播带货的主意。可等到他们真正操作起来，却发现困难重重。首先，实体店缺乏流量，销售员就算在直播间吆喝得再卖力，也没有几个人观看。另外，实体店的销售员第一次当网上的带货主播，缺乏很多实战经验，所以在面对镜头时不知道说什么，这直接影响用户的购买体验。其次，直播是一个很复杂的工程，每开一场直播，需要多人协作，才能顺利完成，可实体店尚未形成团队架构和有效分工，所以完成起来有很大的难度。最后，即便销售员用真诚的服务打动客户，由于空间距离的影响，客户的转化和留存率也很低。

总而言之，实体店没有电商那种独特的属性，它要直播的话，在空间与运行模式上有一定的局限性，再加上自身缺乏导流的手段，所以靠直播变现有点困难。不过，这并不意味着实体店直播带货就没有前景。虽然在直播带货的路上面临诸多的挑战，但前进的道路虽然是曲折的，未来却是光明的。因为和线上电商相比，实体店做直播也有其独特的优势。具体来说，体现在以下三个方面。

（1）比起电商直播时只能在屏幕里看得见的商品，实体门店的商品更让人放心。因为它是实实在在地摆在那里，看得见，摸得着，所以实体店可以给用户带来一种天然的信任感。大家会觉得即便你售出去的产品出现问题，你也"跑得了和尚，跑不了庙"。

（2）实体店直播虽然没有什么大流量，但是经过长期的经营，应该也积累了一批客户资料，这个时候将他们纳入自己的私域流量池，然后在直播的时候多次开发利用，还是可以获得不少的销量。因为，毕竟双方之间有一定的信任基础，二次消费的时候，客户也没有太多的顾虑。

（3）实体店的导购员虽然没有网络直播的经验，但是他们经过长年累月的工作，已经积累丰富的工作经验，面对客户的提问、需求，他们能灵活应对，而且处理售后问题也是信手拈来，他们只要接受系统专业的直播带货培训，相信用不了多久，也能成为一名专业且干练的带货主播。

而且更可喜的是，在疫情期间，很多实体门店为了破局，经过多方面的努力和尝试，最后在直播带货的路上创造出了一些亮眼的成绩。根据2020年微信官方数据显示，著名商超汉光百货在2月底首次试水专柜直播，平均每场直播观看人次过万，线上销售额单品牌单日增长300%。这给很多实体门店都带来了希望。作为一名实体店的商家，不妨也开启自己的直播带货模式，在欣欣向荣的直播领域分一杯羹。

为了提升产品的销量，我们建议实体门店在直播的时候注意以下几个问题。

（1）如果你是一家连锁门店，那么可以在直播的时候引导用户添加自己的联系方式，这样有需求的客户可以根据自身的地理位置找到附近合适的门店消费。另外，当该客户进入你的私域流量池之后，后续在线上或者是线下都可以完成消费。

（2）在直播的时候，开启多重营销模式，比如盲盒抽奖、现时秒杀、优惠券、多人拼团等。这些手段都可以加速用户在直播间的下单速度，从而提升商家直播间的转化率。

（3）如果直播售卖的是爆款产品，那么一定要先展示产品的优势和卖点，借此紧紧抓住用户的眼球。接着制造紧张难抢的氛围，亮出秒杀的价格，这时候客户出于占便宜的心理，跟着就下单了。

（4）为客户展示不为人知的内幕。很多食品都是以完整的形态展示给消费者的，在直播的过程中，商家若是反其道而行之，直接为大家直播食物制作的过程，为大家揭秘食物背后的种种工序，说不定也可以满足客户的窥探欲，从而促使他们对产品产生浓厚的购买欲。

（5）推销产品的时候将它放在具体的应用场景中。比如，你是卖辣椒油的，你可以在直播间为大家现场展示辣椒油的多种吃法：凉拌花甲、凉拌猪耳朵、凉拌口水鸡等。另外，你还可以利用辣椒油拌面、蘸饺子，或者作为调料在烧、炒、炝、烧烤、火锅的时候倒进去，这都可以让食物变得更加美味诱人。利用辣椒油制作的各种美食色香味俱全，看得用户口水直流，一下子就产生了购买的冲动。

总而言之，直播是商场在会员、社群等自有私域流量之外积累和扩大流量池的有效手段之一。直播带货是实体店未来新的风口，大家若是能抓住这一商业风口的契机，帮助门店完成转型升级，那么未来会获得更广阔的市场前景。若是畏首畏尾，不肯走出自己的舒适区，不想做过多的尝试和努力，那么最后等待自己的只有被淘汰和没落的命运。

如何搭建直播带货的团队

直播带货高业绩的背后一定是靠人干出来的，所以在直播带货之前只有搭建好团队，才能创造出好的业绩。那么，抖音直播带货的团队需要多少人呢？高效的直播团队是怎么搭建的呢？每个人都需要承担什么样的职责呢？下面我们详细地为大家分析一下。

一般来说，直播带货的团队主要由以下几类人组成。

1. 主播

主播代表了整个门店的形象，主播的基本素养，以及能力和直播间的销售额有直接的关系。所以，我们在挑选主播的时候不光要看他的外在形象，更要考察他的业务能力。

那么，对于主播的能力要求主要有哪些呢？这需要根据他的工作职责来决定。一般来说，主播负责的主要任务有产品讲解、活动介绍、统筹全场粉丝互动等。为了能为客户呈现出最佳的直播效果，主播在开播前一定要了解产品信息，更要准备各种话术，以应对临时出现的特殊情况。另外，还要了解活动的详情，以及行业的相关知识。主播只有事先做好充足的准备，才能保证直播的流畅度以及吸引力。

最后，新手主播要学会这六类基本话术：开播话术、互动话术、拉新话术、留人话术、逼单话术、成交话术。

开播话术："欢迎大家来到我们的直播间，我是主播×××。今天是我们的品牌活动日，全场疯狂炸福利！大家想要的给主播点点关注，加入我们的粉丝团，感谢大家的支持！下面我们废话不多说，直接介绍今天的惊喜！"

互动话术："这件衣服拍到了没有，没拍到的姐妹给我在屏幕上写个'没'，我们统计一下数量，让后台的小姐姐再上一波库存！"

拉新话术："我看到我们直播间进来很多新的朋友，新进来的朋友扣一波1，我看看有多少人，如果超过20人，那我们就把这款产品当作新粉福利送给大家，这个我们是没有利润的。来，新进来的姐妹，喜欢我手里的这款裤子的，在公屏上打个'喜欢'。下面我给大家介绍一下这款裤子……"

留人话术:"今天来给大家分享几个美妆的小技巧,学会了你也可以是美妆达人。""不会搭配的、皮肤黑的姐妹,或者身材偏胖的宝宝们,可以穿下面这套衣服!"

逼单话术:"姐妹们,快去拍了,眼前所见即所得,最后 30 秒,就剩下最后 3 单了,撤柜就没有了!今天这一套一定要抢,抢到就是赚到,平时 10 件套要 159 元,今天不要 159,不要 139,只要 129!"

成交话术:"大家见过大山深处的蜂蜜吗?最纯的蜂蜜,最纯朴的养蜂人,他们在花期的时候,在山上一待就是几个月,辛辛苦苦采下来的蜂蜜,因为交通不便卖不出去,如果大家喜欢,十几块钱就可以买到这样的原生态蜂蜜,这个价格已经很良心了,大家赶紧去点击下单购买吧!我们只要收回成本就行。"

2. 助播

一般一场直播需要花好几个小时完成,如果仅仅依靠主播一个人,无论体力还是精力都是难以支撑下来的。所以,这个时候就需要有一个助播前来帮忙。助播的主要职责是带动氛围、介绍促销活动、提醒活动、卖点提醒、引导关注等。

当主播起身换装、休息的间隙,助播需要出镜接替主播的工作,不让直播间冷场。当主播忘记介绍产品的某个卖点时,助播可以帮他补充完整。另外,助播还要了解产品的销售情况、订单数量,与主播之间互相配合,不定时地进行促单。比如,"下单的前 10 位客户还有额外的礼物哦!""直播间的衣服过了今晚就要恢复原价了,没下单的家人们抓紧时间入手！"此外，助播还要引导客户点击关注卡灯牌，比如："新进直播间的宝宝们，点点左上角的关注，再加入粉丝团，只要赠送灯牌，我们就会赠送您……""家人们，左上角的福袋，大家点击参与一下。祝大家福气满满，好运连连。"

3. 场控

场控的主要职责有：首先，开播前调试相关的硬件和软件；负责后台操作，控制直播节奏，负责现场产品的秒杀改价、库存核对、活动优惠设置、小店后台设置等。场控还要随时监视直播间的留言，如果有些对品牌或者产品不利的留言，要及时删除，避免对其他用户造成负面影响。其次，场控还要随时配合主播上产品链接，当直播间有新的价格浮动，场控要以最快的速度为客户改价。最后，场控还要实时监控在线人数、商品点击率等。

总之，场控存在的意义在于协助主播把控直播间的氛围，同时处理一些突发状况，促使直播顺利进行。一般场控通常由运营人员，或者直播助理担任。

4. 直播运营

运营人员是直播间的总指挥，他对直播间起着至关重要的作用。首先，这个职位负责团队的协调，这个协调既包括封面拍摄、设计制图、产品抽样、奖品发放、仓库部门等外部协调，也包括直播时间、直播人员的情绪，以及直播间出现状况等方面的内部协调。其次，运营人员还要负责整场直播的运营，具体包括直播间的玩法设计、产品的组合销售、直播商品排款、直播的流程和脚本、主播的问题调整，以及广告投放等。最后，运营人员还要根据部门人员的表现，以及消费者反馈的一些数据全面复盘，以此厘清问题，避免重复犯错。

5. 客服和售后

售后客服在直播过程中负责解答用户的问题，比如产品的尺码大小、发货时间、产品的颜色以及面料等问题。另外，他们还要处理用户购买产品后的各种问题，比如出单、物流、复购等。当然，他们每天还需要进行货物跟踪与查询，更新系统信息，受理异常情况与投诉。总而言之，他们需要用细致耐心的服务提升客户的购物体验，以此带动整个直播团队的销售额。

因此，一场好的直播是团队所有人员共同努力的结果。商家在组建直播团队的时候，一定要在前期做好充分的规划，每个职位具体负责什么样的工作，要规划清楚。一个直播团队只有分工明确，界限清晰，各司其职，团结协作，直播效果才能达到最佳。

新手如何开启自己的第一场直播

俗话说："万事开头难。"很多新手第一次直播的时候，畏首畏尾，不知道该怎么样面对镜头，更不知道在镜头前说些什么。其实，商家初次尝试直播，内心焦虑惶恐是很正常的现象。但是如果大家能提前做好准备，事先了解直播的一切事宜，那么等到面对镜头的时候就会从容很多。

下面，我们介绍一下新人第一次直播需要注意哪些问题。

1. 做好开播前的准备

（1）在开播之前，准备两三个短视频，然后分别在开播前、开播中发布出去，并且每个视频上都添加直播预告的贴纸，这样做的目的，就是为直播间引流预热。

（2）在开播之前，选择"创作者服务中心"→"主播中心"→"更换封面"选项，为自己的直播设置一个有个性的封面，这样可以吸引更多的用户前来观看。

（3）把直播标题也修改一下，这样更能吸引用户的注意力。

（4）添加自己的详细地址，这样可以更好地吸引同城的用户前来观看。

（5）选择自己直播的内容。商家根据自己所选择的赛道和输出内容的类型去选择合适的类目，比如唱歌、舞蹈、美食、聊天互动等，这样做可以获得更多精准的流量。

（6）点击"设置"按钮，将直播间介绍、节目单等各类目都填写完整，这样做的目的就是告诉用户"我是干什么的，可以给你提供什么样的内容"。

（7）直播可见范围一定设置成所有人可见，否则你无法获得更多的流量。

（8）设置好清晰度。一般蓝光 1080p 和超清 720p 可以保证画质清晰，可以给用户一个好的感官体验。

（9）点击"直播预告"按钮，提前给粉丝群体一个心理准备。

（10）开播前记得参加相关的话题，这样可以吸引更多的精准人群。

（11）新人开播不要直接点击"＋"按钮，正确的开启直播间的方法应该是这样的：点击"抖音创造者服务中心"—"主播中心"—"直播攻略"—"新手开播指南"，完成实名认证，然后加入新主播扶持计划，这样可以得到官方的流量扶持。

等把十几项准备工作都做好之后，记得一键分享自己的直播链接，以此增加观看的人数。最后，提醒大家，直播的时候，记得打开美颜相机功能，这样可以将美美的状态呈现给用户。

2. 布场景

这一步骤具体又分为定布局、定形式、定细节的顺序来做。

直播可以分为站播和坐播两种形式。站播很好理解，就是主播站着做直播，画面基本上呈现的是主播的全身，这个时候需要的场地纵深比较大。坐播，顾名思义就是坐着直播，画面只需要出现主播的上半身，或者是手和产品，这个时候需要的场地比较小。具体使用哪种方式还需要根据自己的产品做选择。

直播间的布局又跟灯光、背景设备、产品陈列、辅助器械有关。那么，这些具体怎么摆放呢？还得根据主播选择的直播形式确定。另外，直播间的细节也要做到位，比如直播间的背景和产品的调性要相符，只有把控好细节，才能给客户一个舒适的观看环境。

3. 做预热

如果你是一个直播新手，而且粉丝量不是很多的话，那么一定要重视预热工作，否则到时候开播没有多少用户围观。那么，商家如何为自己的直播预热呢？第一，通过短视频的形式。比如，"晚上八点开播，全场包包骨折价卖给您，咱们不见不散哦！"第二，通过个人信息预热。即开播之前在个人信息里加上开播的时间。比如，昵称改为"×××+晚上九点母婴专场"，也可以在个人简介里加上直播的时间和直播的主题。通过这两种方式可以让更多的用户了解到你的直播，从而引导他们走进你的直播间。

4. 讲产品

在直播间推销产品有一定的话术和套路，具体包括"互动引入+卖点介绍+体验评价+活动出单"这四个部分。互动引入，就是用互动的方式将产品引入进来。比如，"大家在辅导孩子的过程中，有没有这样一种困扰，明明题目要求两个数相加，孩子却算成了两数相减，家里有同款粗心的宝宝，给我在公屏上打个'有'"。这样可以吸引用户的注意力，也可以提升直播间的互动频次；卖点介绍，就是将产品的一些核心优势转述给客户，如果你不知道怎么描述，可以参考产品的详情页。介绍的时候，尽量用一些真实的数据，或者一些实验辅助，这样可以给客户一种信任感；体验评价，将用户对产品的真实体验和感受穿插到直播的过程中，可以提升用户的购买欲望；活动出单，就是告诉用户你在直播间购买可以获得什么样的优惠。比如,"在咱们直播间前50个人下单,可以获得八折的优惠价格""加入粉丝团,我们额外赠送您一条价值50元的打底裤"。利用活动价促使用户尽快下单。

5. 不冷场

为了让直播间的用户积极活跃,我们还可以在直播的过程中做一些测试,比如,"大家看,这个肥皂去污能力如何,咱们一试便知!我现在把那些酱油、生抽、辣椒油统统倒上去,然后咱们一起见证一下它的神奇功效"。讲一些使用产品的技能技巧,比如,"怎么样才能让这个胶水黏合得更好呢?首先,擦洗干净要涂抹的地方,然后通过摩擦让它变得粗糙。其次,涂抹上去之后还要用热风吹5分钟;最后,冷却后要捆绑固定等"。这些实用干货对于购买者而言非常有用,所以这有利于提升直播间的留存率;当然我们还可以给大家展示一些产品的细节,比如衣服的面料、做工、拉链等。最后,我们还可以聊一些和产品相关的其他话题,以此丰富直播的内容。

人们常说,过去的错误就是将来的智慧和成功。所以,在直播结束之后,还要根据各项直播数据分析这场直播的不足之处,以此调整自己的策略,从而让自己在下一场直播的时候表现得更加完美。

直播带货爆流的三大核心要素

在直播带货的时候,有些直播间人气高涨,观看人数10万+,但有些直播间,观看人数只是个位数,但就这少得可怜的人数,有时都挽留不住。看着惨淡的直播数据,商家心里很不是滋味。那么,一个火爆的直播间是怎么打造出来的呢?商家应该怎么做才能留住人气呢?下面,我们从直播带货爆流的三大核心要素讲起,为大家揭秘留人的方法和技巧。

1. 引流

流量是直播间人气是否高涨的关键。如果你没有在开播之前做好引流工作,那么直播间氛围惨淡是一件必然会发生的事情。那么,商家应该如何为自己的直播间引流呢?

(1)在开播之前的前几天,就要通过发红包的方式告诉私域流量池里的用户,"我们在×月×日×点,在××平台会有一场主题为××××的直播活动,到时候大家进入直播间可以领取×××福利"。而且在开播的前一天设置好预告,并且私信再通知大家一次。

(2)商家还可以在开播之前,以视频的形式从公域流量引流。当然,如果大家觉得资金富余的话,还可以通过投放豆荚的形式引流,这样的引流效果是最好的。不过,在花钱引流的时候,不可过于盲目,要学会做数据分析,在投放前后,你仔细观察一下直播间的人数有没有变化,如果数据不理想,可尽快关闭推广通道,以免造成金钱的损失。大家只有学会以小博大的方法和技巧，才能最大限度地提升 ROL。

2. 主播

直播间能否获得好的人气，跟主播有很大的关系。一个优秀的主播虽然不要求颜值有多高，但是基本的仪容仪表还是要注意。尤其是灯光打在身上，如果妆容不能让人赏心悦目，那么会败光路人缘。另外，直播的时候不要弯腰驼背，也不能神情倦怠，自由散漫，更不能傲慢无礼，或者冷漠蔑视他人，这样都会引起客户的反感。

当然，主播除了形象过关，情绪饱满热情之外，还要能说会道，头脑灵活，随机应变。哪个环节说什么样的话术，出现意外情况如何控场，怎么样介绍产品才能更好地吸引用户，这些都是主播需要熟练掌握的业务知识。

比如，在直播的时候人数骤减，这个时候要想留人，就得赶紧送出福利："为了感谢广大粉丝的热情支持，我们接下来开一波福利奖，限量9.9元的××包邮秒杀，谁先抢到算谁的，数量有限，大家抓紧时间。"

再如，在直播的时候主动引导粉丝，让他们参与进来："大家都喜欢什么颜色的大衣，把你想要的颜色打在公屏上，我一件一件地替大家试穿。""这件绒毛大衣是每个女生的秋冬必备款，大家看穿上之后是不是显得既时尚洋气，而且还十分保暖。你们想要吗？要的话通过弹幕留言告诉我……"这种话术可以将用户拉进你的聊天氛围中，这样就阻断了他们离开的脚步。

还如，主播看到有客户在屏幕上留言，一定要及时认真解答："您刚刚问我35号的裙子最大可以穿到多少斤，那现在我来回答您一下……""这位粉丝宝宝不必担心售后的问题，如果收到货不满意，咱们家有购买的运费险，您随时退回来就可以，全程不收您一分钱。"这样认真、耐心，且负责任的态度也能很好地留住直播间的用户。

3. 直播环境

直播环境也是影响直播间人气的一个关键因素。如果你的直播环境看起来杂乱无章，会影响大家的观感；如果背景画面太过于花哨和艳丽，那么很容易造成客户的视觉疲劳，也容易分散他们的注意力。反之，如果你的直播环境能给观众一种整洁、温馨、舒服的感觉，那么他们势必愿意在这里多待一会儿。

具体来说，直播环境应该怎么布置和营造呢？这个还要根据你售卖的产品和服务情况来定。如果你售卖的是食品，那么只需要准备一个干净整洁的厨房台面，或者一张素雅、洁净的桌子就可以展示。如果你售卖的是仙气飘飘的长裙，那就需要准备打造一个氛围感很足的试衣空间，这样才能更好地展示衣服的魅力。另外，一些必要的道具也要准备齐全，比如一个适配的包包、一双闪闪发光的流苏耳环等。

此外，如果您的资金充足，还可以花钱打造一面专门的直播墙，在墙上可以显示每天开播的时间、直播的主题，以及和福利活动相关的信息等，这样就把直播的氛围感直接拉满。

以上就是影响直播间人气的三个关键要素。当然，除了上面提到的内容以外，产品的排列顺序也很重要。一般来说，直播开场时，为了赚点人气，大家都首推宠粉福利款。等到直播间人数涨到一定程度，且稳定下来的时候，就可以推荐店铺的盈利款。

最后，想提醒大家的是，选择合适的直播时间也很关键。一般来说，目标用户休息的时间才是商家开播的最佳时机，这个时候直播带货可以精准捕获到大批量的目标人群，而且转化率也要比其他时间段更高一些。反之，如果在不合适的时间段营业，不仅会浪费你的时间和精力，还会消耗你的直播热情，最后得不偿失。

提升直播间"三高"的实用方法

在直播的漫漫长路上，有流量并不意味着成功，有的时候，就算直播间爆流，也并不会给你带来高的销量。所以，对于商家而言，打造一个高人气的直播间只是开了一个好头，接下来最重要的还是提升直播间"三高"问题，即高停留、高互动、高转化，只有把这些数据做好了，直播间的销量才有一个质的提升。

具体来说，应该如何提升直播间的"三高"呢？以下是几个实用的方法和技巧，可供大家在直播的时候参考。

1. 关于高停留的问题

用户停留的时间是权衡直播间流量很重要的一个指标，也是提升用户互动率和转化率最基础的一个指标。换句话说，它是解决直播间一切问题的第一要务。如果一个直播间用户停留时间短的话，直播间的推流会变少，而且后面高互动、高转化更是无从谈起。

所以，谈到直播间的"三高"，提升客户的停留时间才是商家需要重点关注，并迫切需要解决的问题。那么，商家如何做才能让用户长时间地停留在直播间呢？

（1）直播场景要有趣有料。用户走进直播间，不到3秒就果断划走，很大一部分原因是因为你的直播间对他来说没有吸引力。换句话说，整个直播间吵吵嚷嚷，主播一个劲儿地介绍产品，但中间没有吸引他的亮点。这个时候，商家如果能脑洞大开，布置一些新奇独特的直播场景，那么客户是不是就会刮目相看呢？比如，抖音账号"小红红家（发型发饰服装店）"在直播的时候，就将一段编发视频作为自己的直播背景板。

这段视频播放速度虽然快，但是里面干货满满，它用三四分钟的时间介绍了六种女生常见发型的气质扎法，有气质低丸子头、温柔低马尾、旗袍盘发、气质盘发、优雅盘发、高盘发。每款发型都显得女生气质优雅、精明干练，很多爱美的女生一下看到这么多好看的编发教程，心里很是欢喜，根本舍不得走出直播间，大家总想多停留一会儿，再多学习盘发知识，学会了以后再把自己打扮得美美的，出去逛街约会。

在上面这个案例中，商家没有循规蹈矩，而是巧思妙想，将卧室或者梳妆台作为直播间的背景板，放了一段编发教程，一下子就提升了客户的停留时间，从而让客户有更多的时间了解和接触自己的产品。

最后，提醒大家在设置直播场景时，要制造那种对产品能加分的创意场景，而不能做那种恶搞式的创新场景，否则会打乱直播的标签，从而无法获得精准客户。

（2）快速帮自己打好标签。有的时候，因为直播间的标签不精准，所以导致进来的客户都不是你的目标群体，大家划进来之后，对于你所售的产品根本不感兴趣，所以就快速划走了。针对这种情况，商家要做的就是帮自己快速打好标签，具体来说，可以随心推选相似达人、拍摄垂直类的短视频发布上去，或者通过标签筛选精准人群等。等到直播间获得正确的标签，那么精准的目标人群就会刷到你的直播，这个时候，走进直播间来的人群的停留时间就会延长很多。

（3）通过主播话术拉住客户。有些主播直播经验匮乏，不知道怎么说才能更好地留住客户。其实，提升客户的停留时长是有技巧的。比如，每隔几分钟要给客户埋一个钩子，有了钩子之后，才能勾起客户继续看下去的兴趣和欲望，这样他们的停留时间才会增多。比如，"接下来我们会给大家分享一个简单的小方法，不管你是宝爸宝妈，还是孩子的爷爷奶奶，只要有手，就都能学得会……""这个方法对付孩子的拖延症非常管用，上个月有个宝妈听了我的建议，用了这个方法，她孩子拖拖拉拉的坏习惯已经改了很多……""家人们，接下来我要讲重点了，大家一定要记好笔记，不方便记笔记的，可以用手机录屏，下面我说的每一句话都是重点……"这样的话术可以直接引发客户的好奇心，所以他们会耐着性子听完的。

另外，为了延长客户停留的时间，主播们还可以利用自己的小号互动，设置一些有趣的"互怼"环节，这些热闹大家都看得津津有味，自然不愿意离开直播间。

2. 关于高互动的问题

直播间高互动既可以提升客户的参与度，也可以激发他们的购买热情，当然更可以增加直播间推送的流量，从而让商家连接到更多的目标客户。那么，怎么做才能提升客户的互动率呢？首先，我们可以在直播间发放福袋，并标注上参与的条件，这样客户在领福袋的同时也被迫完成了加粉丝团、评论等任务；其次，我们还可以策划一些互动的任务，客户只有完成这些任务之后才可以参与抽奖机会；另外，我们还可以直接与粉丝连麦，在一问一答中，不仅增强了用户的黏性，而且还活跃了直播间的氛围；最后，我们可以用一些特定的话术引导，比如，"喜欢这件蕾丝吊带裙的小姐姐们，在屏幕上扣个1""咱们直播间有没有朋友想听我讲这个话题的，有的话，在公屏上打个'想'字"。这样的话术可以加强双方之间的互动。

3. 关于高转化的问题

产品转化率是直播带货的终极目的。为了更好地达成这一目的，我们在直播的时候，重点给客户建立一种信任感，只有让客户相信你的产品具有独特的优势，才能放心地在直播间下单。比如，你是一个卖大码女装的主播，你为了凸显这件衣服对人身体的包容性非常好，你专门戴了一个大大的假肚子，结果衣服穿上之后，大肚腩果然被遮得严严实实，大家看到衣服有这么好的遮肉效果，自然很放心地选择购买。另外，为了打消部分人对衣服质量的异议，你可以给衣服布料一个特写镜头，还可以用专门的工具反复摩擦，检验衣服是否起球，或者泡在水里揉搓，检验衣服是否褪色等，给客户吃下定心丸之后，他的购买行动便顺理成章了。

以上就是关于提升直播间"三高"的一些实用方法。有了这些方法助力，相信直播间的各项数据都会呈现一个向好的趋势，而业绩也会跟着水涨船高。

头部主播都在用的五个爆单法

在前面一小节里我们讲到了很多提升直播间流量的方法，使用这些方法确实可以帮助我们引爆直播间的流量。但是直播间爆流并不是我们开直播的主要目的，爆单才是。那么，如何实现直播的这一终极目的呢？下面我们给大家介绍头部主播都在用的五个爆单法。

1. 选品要搭配合理

直播间品类选得好，才能出现爆单的可能。一般来说，直播间选品组合通常包含引流款、利润款、爆款产品和炮灰款。引流款，顾名思义，就是吸引用户停留和下单的产品，这类产品价格低，利润少，适应的人群广,主要是一些高消费频次的生活日用品等,其因为超高的性价比深受用户的喜欢;利润款,这类型的产品价格颇高,但是在款式和功能方面有自己独特的优势,这些产品只针对消费能力较强的这类人。在销售的过程中,也是走质不走量,它的存在是为了满足不同消费层次的用户;爆款产品,则是指现阶段深受用户喜欢,且有一定搜索热度的商品。比如,当下流行的明星同款,或者一些应季的热门款;炮灰款,这类产品的存在主要是为了给爆款产品做陪衬的,就像星巴克里摆放的那些比咖啡还要贵的水一样,它们的存在就是为了衬托爆款产品有多么的划算,从而刺激人们加快购买爆款产品的步伐。

上面介绍的这几款产品,每一款都有其存在的意义,这些不同类型的产品组合在一起,才能互相映衬、互相作用,将直播间的销量推向理想的数据。

2. 提炼产品的卖点

直播间流量转化低率,很大一部分原因是因为产品缺乏核心卖点。那么,核心卖点应该怎么去提炼呢?大家不妨套用这个爆单公式:"亮点+人群+唯一性",简称"亮人一"。这里的"亮",就是产品的卖点,具体指产品的材质性能特点有什么不一样的地方;这里的"人",就是指适用于什么样的人群;"一",就是指产品的唯一性,就是这款产品和市面上的同类产品相比,最大的区别在哪里。

3. 产品介绍要给客户信任感

产品介绍话术直接影响客户的转化率,因此在组织语言的时候应该要谨慎、认真，看看怎么描述才能给客户带来信任感。一般来说，"专业+场景化介绍"就可以说服用户。

专业化的介绍包括产品功效、成分、价位、材质、包装设计、使用方法、使用效果、适用人群等。全方位地介绍，可以让客户对产品有一个更全面的了解。此外，场景化的描述可以挖掘客户的需求，提升客户购买的欲望，从而为爆单的出现创造更多的可能。

4. 学会适时催单

很多直播间观看的客户犹犹豫豫，在直播间徘徊了很久都没有做出购买的决定。这个时候，主播们要掌握好时机，在必要的时候"推"他们一把，让他们加快下单的步伐。具体怎么"推"呢？我们可以给客户营造一种"限时限量抢购"的紧张感，比如，"这波优惠活动截至今晚就结束了，明天过来买肯定不是这个价格，小姐姐们，买到就是赚到，千万不要错过……"当然也可以用反复倒计时的方式促使他们下单。比如，"五、四、三、二、一！上链接，抓紧你们的手速，库存数量有限，先买先得……"

另外，你还可以反复强调"七天无理由退货"，或者"有运费险"的问题，这样可以化解他们内心的异议，给他们一个放心购买的理由。比如，"姐妹们放心拍，咱们家这款羽绒服是有运费险的，买回去不满意，随时退，您不用有任何心理负担……"

5. 给客户一种很划算的感觉

很多时候，客户之所以迟迟不下单，不是因为产品的质量不好，而是因为价格太贵了。这个时候，商家又不能大发善心，降价处理，而最理想的做法是制造价格锚点，给客户一种东西很划算的感觉，比如，"11月11日前，××App推出了特惠年卡活动，原价365元/年，优惠价是348元/年+加赠一个月。一天不到一块钱，换来一年的好故事，真的太超值！"经过你的描述，客户会发现你所提供的产品或者服务远远超出自己原先预设的锚点，所以心里觉得这件东西很划算，于是毫不犹豫地就把它买下来了。

以上就是加速直播间爆单的五个方法，很多头部主播在直播的时候都会用到这些方法，大家在直播卖货的时候不妨借鉴一二，相信会出现喜人的成绩。

第九章

解锁团购新玩法，门店开启稳定赚钱模式

实体门店如何玩转社区团购

我们都知道，如今的实体店做生意很难，如果单纯依靠线下的"被动"客流的话，很难收获高的经济效益。为了突破眼前的这种发展瓶颈，我们不妨尝试新的生意模式——社区团购，即依托真实社区的一种区域化、小众化、本地化、网络化的团购形式，说不定这样的操作可能会给门店的生意迎来转机呢！

我们知道现在的年轻人是新的消费主体，他们生活在这个快节奏的时代，什么都追求高效，有时候就连两三天的快递都等不及。据相关的数据统计，超过50%的95后希望自己在购物的当天就能收到货。还有7%的消费者希望自己购买产品后两个小时就能送达，为此他们愿意支付额外的派送费用。而社区团购就很好地满足了用户高效触达的需求点，所以很受年轻消费群体的认可和喜欢。而对于门店来说，开启社区团购模式之后，就实现了线上线下的完美融合。借助这种业务模式，门店的业绩获得了以下几个方面的提升。

（1）客流量。得益于平台的助力，以及团长建立的私域流量体系，商家获得了更多的客流量。

（2）成交量。因为开拓了线上交易的渠道，增加了客流量，所以成交量相应地也跟着上涨了。

（3）复购率。因为有稳定的私域流量池，所以商家会看到很多的回头客前来复购。

总而言之，对于实体店老板来说，社区团购的模式既解决了自己客源少，成交率低，客单价低，回头客少的困扰，而且还为他带来成倍的销量，是一个不错的发展机遇。那么，对于实体店而言，应该如何玩转社区团购呢？以下是两种可供选择的模式。

1. 工具型平台

自己当团长，自己找渠道、商品、客源，然后自己负责售后和配送。而平台则在你开店的时候简单指导一下你技术方面的内容。选择这种模式的好处在于可以掌握客单价的主动权，而且还可以顺带把前来取货的客户引流到自己的店铺，从而为自己带来更多的生意。不好处在于需要自己亲力亲为，需要考虑时间、地点、人脉等问题。尤其是组建社团，构建私域流量池的时候比较麻烦。下面我们介绍三个有效步骤，可以帮助团长快速将小区客户拉进自己的社群，并且可以长久地把他们变成忠实的客户。

（1）用低成本将路过的消费者拉进线上社群。比如，团长可以自己带着打印出来的二维码名片去小区引流，当然也可以在小区门口的公告栏里发放宣传海报。为了快速引流，团长还可以开展一些秒杀活动，吸引消费者进群。另外，还可以给进群的小伙伴免费送一些牙刷、牙膏等日常用品。当然，还可以在门口举办一场新品试吃活动，从而引导他们加入社群。而客户一旦从线下转入线上,那么就使得门店和消费者的关系由弱连接转化为强连接,后续可以高频率地和他们产生互动,从而引导他们一步步地下单。

(2)和客户快速达成第一次交易。如果用户进入社群之后,双方还没有一定的信任基础,那么很难保证社团的销量。为了有一个好的开局,团长可以以低价促使客户与你产生第一次交易,因为你主动给他们降低了试错成本,所以成交应该是一件轻而易举的事情。等到消费过后,他们对社团建立了一定的信任基础,后续他们才有可能产生更多的交易行为。

(3)有规律地在线上开展互动。社群可以把每个月的某一天设为特别日,在这一天,只要在社群里购买某个东西,就可以获得买一赠一的优惠,也可以在社群里以接龙的方式邀请客户参团,这样既可以活跃社群,让客户记住社群,又可以为自己清理库存。

总而言之,等私域流量池构建完成,并且双方构建起稳定的互动关系,团长就可以手捧着这些来之不易的资源,轻松赚钱了。

2. 供应链型平台

供应链型平台是以平台—团长—消费者的模式,团长由平台统一管理,负责组团和开团,商品的选品、定价、支付和运输则均由平台把控,团长卖出货物后可以获得一定比例的佣金。选择这种模式的好处是比较省心,但是不好处在于自己无法把控客单价格。

以上就是实体店开启社区团购模式的一些好处,以及如何玩转社区团购合作模式的介绍。未来传统实体店客流下滑已经是必然的趋势,实体店只有结合线上模式、开启社区团购新模式,才能为店铺迎来新的转机。这是实体店实现转型的必由之路,也是创业者需要重视的新风口。在抓住这个商机捞金的时候,商家一定要严把质量关,这是提升客户满意度和信任度的秘诀,也是店铺能否持续盈利的关键。

详细解读社区团购爆单的运营策略

社区团购作为一种全新的线上模式,已得到了市场的验证和消费者的认可。因此,很多商家也从中看到商机,跃跃欲试。不过大家在实际运作的过程中,仍有很多行业的壁垒、运营方面的盲区,不知道该怎么突破和弥补。下面,我们就给大家介绍几个社区团购爆单的运营策略,以此帮助大家获得更多的经济收益。

1. 做好爆单前的种种准备

(1)对社区居民有一个准确的了解。爆单主要针对的是社区的居民,所以了解和掌握居民的基本信息便成为一项很重要的工作。具体来说,对于居民的生活习惯、家庭收入情况、兴趣爱好等都要心中有数,这样才能更好地挖掘他们的需求,从而有的放矢地展开一系列营销活动。

(2)对商品有精准的定位。因为社区团购所经营的产品种类本来就很少,与大型超市相比,没有什么竞争优势,所以大家一定要根据客户的需求和消费能力给自己的产品定好位，否则根本没有爆单的可能。

（3）分析社区商业市场。现在不管做什么行业，竞争压力都很大。为了后期自己的生意不会扑街，事先就要做好各项调查工作，比如看看社区人口数量、周边的商家的种类以及数量等。要先摸清楚社区周边这些基本的商业情况，然后再做进一步打算。

（4）维护社区。爆单的前提是用户对社团有足够的信任，且愿意多次在这里回购。换句话说，团长只有积累和沉淀一批忠实的用户，才有爆单的可能。那么，具体如何培养粉丝与社团之间的关系呢？每天给群里分享一些优质的内容，是一个不错的方法，这样既可以活跃社群，又能够给群里的客户提供价值干货，从而实现培养他们的忠诚度。

2. 预告开团

在售卖爆款产品之前，记得在群里跟大家做好预告，对于开团的时间，以及开团的优惠力度是什么样的，一定要描述清楚。另外，为了营造紧张的抢购氛围，你还可以这样告诉用户："在×月×日当天，参与3.8折秒杀××××活动，仅此当天，别错过了哦！"

为了让更多的用户参与其中，团长还可以专门设计带有二维码的海报，并且用红包鼓励用户一键分享，利用用户的社交口碑，让产品获得更多的曝光度，获得更高的可信度，这样就可以为爆单创造更多的条件。

3. 通过节日营销，打造爆款

按照中国人民的传统习惯，做什么事情都要讲究名正言顺，如果你的营销活动师出无名，那么很有可能会遭到客户的抵触。为了给大家营造一个轻松愉悦的消费氛围，团长可以借节日之名来设计营销方案，此时很多上班族有足够的时间参与其中。在设计营销方案，打造爆款产品的时候，要明确传播的方式，是采用展示架、宣传册等传统的促销宣传方式呢，还是借助互联网的能量传播，抑或二者兼而有之？另外，设计出来的营销方案要简洁明了，并且对消费者有很强的诱惑力，这样营销的产品才能具备爆款的潜质。

社区团购模式目前正处在高速发展时期，很多知名企业已经加入这个赛道，并且取得了不俗的成绩，所以有意向做实体团购的商家们千万不要再犹豫，机遇稍纵即逝，如果你所在的区域团购市场尚未饱和，那么不妨放手一搏，利用上面的这些爆单策略勇敢尝试，说不定很快就能找到打开财富之门的钥匙。

实体店开启抖音团购的详细流程

2023年，4月21日，QuestMobile发布《2020中国移动互联网春季大报告》。报告显示，2020年3月，抖音月活跃用户数达到5.18亿，同比增长14.7%，月人均使用时长为1709分钟，同比增长72.5%。由此可见，抖音这个短视频平台的消费潜力以及商业价值有多高。

所以，对于实体店商家而言，除了要在线下的社区开展团购，也要将自己的产品和服务搬到线上的抖音平台。依托抖音平台巨大的消费群体和本地流量优势，商家可以通过团购业务获得更多的流量，实现更多的经济效益。

下面，我们就给大家介绍一下实体店开启抖音团购的详细流程，通过这个流程可以帮助你成功入驻抖音平台。

（1）商家要准备好营业执照、卫生许可证、法人身份证以及法人银行卡。

（2）去手机的应用市场下载"抖音来客"的软件，用自己的手机号去注册登录。

（3）有了自己的账号之后，点击"入驻抖音门店"按钮，选择认领的店铺类型。一般来说，大多商家只需点击"认领单店"按钮即可，如果你有多个店面，入驻之后可以通过后台认领按钮添加你的其他门店。

（4）点击"认领单店"按钮，获取自己所在的位置之后，系统会自动显示你附近所有的门店，这个时候可以选择自己的门店。如果上面不显示门店的名称，还可以在上方的框里选择自己所在的城市，搜索店名，点击确认按钮。如果搜索页也找不到自己的门店，可以在右下角点击"创建"按钮，然后根据系统提示，一步一步上传我们的信息。

（5）上传营业执照，选择经营品类；上传经营许可证；上传法人身份证正反面。

（6）输入手机号和验证码；输入经营人手机号，点击提交审核按钮。

这里温馨提示一下大家：认证的手机号码必须是法人的实名认证手机号，

否则系统无法通过你的审核。

一般来说，审核的速度很快，系统提示一到两个工作日即可完成，但实际上用不了那么久，如果你的门店资质没什么问题，位置没有什么异议，审核当天就能通过。审核通过后，在抖音来客的首页即可看到"恭喜！门店入驻成功"的提示字样。

在这里还有一种特殊情况，抖音的门店列表里显示有你的门店，但是实际门店已经被认领了。如果出现这种被别人认领的情况，可向抖音的人工客服提出申诉，申诉成功之后，可按照它上面的提示流程一步一步地解绑。

另外，如果在认领的过程中，出现门店的信息或者经营类目不正确的情况，应该怎么办呢？建议大家去高德地图 App 上面找到自己的门店，然后直接在这里申请修改。因为抖音平台和高德地图 App 是可以同步门店信息的。

（7）免费蓝 V。点击最下方"我的"按钮，再点击"我的抖音号"，接着点击绑定官方抖音号，然后在新的页面点击添加绑定主体，选择已经成功认领的门店主体，再接着出现一个新的页面，在这个页面的左下角有一个"+"号，点击这里，进入关联抖音号的页面，我们输入自己准备做官方账号的抖音号，点击"搜索"按钮，系统会自动匹配，并且显示我们要绑定的这个账号信息，点击"确认"按钮，在下个页面，点击勾选同意相应的协议内容，最后点击"确认绑定"按钮。

此时，系统还会提示我们要在 24 小时内去要绑定的抖音账号里去接受确认。换句话说，要绑定这个抖音号，要先获得这个号的授权和确认。具体如何授权确认呢？进入我们要绑定的这个官方抖音账号，在消息一栏里找到系统通知，这时你会看到一条"账号绑定申请"的消息。点击进去，确认自己的信息是否有误，如果全部正确，那么就在下方的"我已经阅读同意《企业认证授权协议》内容"里打钩，最后确认绑定。

至此，门店和对应的抖音号就绑定成功了，账号也成功认证为蓝V。此时，我们可以进一步装修自己的店铺，也可以开通我们的抖音团购功能。

一般来说，门店认领完成之后，就可以上传团购了。可是有些特殊的类目，比如，酒吧、养生、洗浴中心等需要一些特殊资质的门店必须到抖音平台申请报备，之后就开启团购业务。

（8）门店装修。按照系统提示简单上传图片，将线上门店装修一下。如果缺乏这一步，商家是无法创建商品的。

（9）设置自己的收款账号。如果你经营的是一家公司的话，银行卡的账户类型可以选择为对公银行卡账户；如果是个体户，就选择个人银行卡账户。按照要求，一步步地填写正确的法人收款账号信息，然后提交审核，系统审核通过之后，便可去创建商品。

（10）商品创建的时候，要注意一下你要卖的那个品类的商品不能超过你营业执照允许的范围。商品创建成功之后，便可以开启你的团购生意。

在抖音开展团购活动时，商品标题要写得清楚一点，最好让顾客一眼就能看到重点信息，比如，"【仲夏7月】元气满满工作日单人餐"，这个商品标题就很清楚地展示了适用的人数和实用的时间段。另外，为了防止客户在比价的过程中流失掉，我们可以标注"独家""加量"的字眼。当然，也可以使用一些组品差异化的打法留住客户。具体来说，可以套用这个公式：商品数+优惠力度+丰富度+差异化。

（1）商品数。建议设置2个以上的团购商品，其中包含了引流品（低价或者折扣力度大的商品）、利润品、代金券，这样可以为顾客提供更多选择的余地。

（2）优惠力度。可以参考市面上同类型的产品，或者自身在其他平台的优惠力度，综合考虑一下，然后设置一个有竞争力的优惠力度，以此加快顾客下单的步伐。

（3）丰富度。团购套餐里的商品要足够丰富。就拿餐饮行业来说，餐食既要有特色菜，也要有常规的推荐菜。套餐类型也可以分为2人、4人、6人等多种形式，面对多重选择，用户总能找到适合自己的一款。

（4）差异化。商家以新颖的组品思路打造差异化的套餐，这样更能吸引用户的眼球。

（5）做团购要想得长远一点，不要为了眼下的流量，专门设置超级便宜的套餐，这样只会招来一些"羊毛党"，对于自身的发展毫无益处。大家要知道优惠只是一种手段，我们要通过一定的优惠力度来吸引顾客到店里消费，然后沉淀顾客，让他们充值办卡形成复购，接着消费完拍视频形成分销，以此达到宣传店铺的效果。这才是门店做团购的真正意义。

门店开启团购后没有销量如何破局

我们都知道,很多成功的商家在开启抖音团购之后收获了大批量的粉丝,赚到了巨额的利润,同时品牌的知名度和美誉度也上升了一个台阶。可这些成功的案例毕竟只是少数,在抖音平台上还有很多的商家在开启团购业务之后,就没有流量,因此销售业绩也很惨淡。针对这种情况,商家应该怎么解决呢?以下是四个可供参考的策略。

1. 提高门店的质量分

什么是门店质量分呢?它是指门店各项经营的综合指标结果,不同分数会展示为不同的牌级标志和优质店铺名次。按照抖音平台的规则,门店的质量分影响着生活服务流量的分发、排序、各场景的展示资格。而榜单优质店铺排行和金银铜牌展示又直接影响用户的选择。

因此,一个门店要想获得更多的流量和曝光,一定要提升门店的质量分,这样店铺才有机会登上优质店铺的排行榜。而登上榜单之后,商家的曝光量,以及团购的转化率才会有所提升。那么具体来说,如何帮助门店"榜"上有名呢?

首先,你门店的基本信息要全部完善,比如营业时间、电话、地址、头图、相册、推荐菜等；其次，包括套餐和代金券在内的团购的数量要在4个以上；最后，每个月新增挂门店地址的视频数量要在50个以上，门店的好评数量也要在20个以上。只有达到上面的这些要求，门店才有可能登上优质店铺的排行榜，从而获得更高的曝光度。

当然，除了上面提到的这些方法和策略之外，商家还可以根据抖音设置的门店质量分提升攻略来为自己的流量助力。下面我们用表格的形式，向大家展示一下抖音制定的提分规则。

表9-1 抖音制定的提分规则

质量分模板	分数构成	商家配置门槛	质量分比值
基础信息	图片分数	图片数≥11张	10%
	POI真实分	维护营业中	20%
	电话分数	配置上且真实可用	5%
	营业时间分数		5%
	人均价分数		5%
丰富信息	美食：推荐菜	数量≥3 视频/图文推荐菜建议10~20个	5%
	服务设施分数	选择真实设施标签 建议数量≥3	5%
内容供给	视频投稿分数	近30天投稿>50条	15%
	评价分数	近30天1图10字评价>20（剔除作弊评价）	20%
团购供给	商品供给总分	在线商品数>4个 商品类型建议≥2类	10%

以上就是抖音制定的提升店铺质量分的规则，不过这个规则不是一成不变的，大家在运营的时候可以做一个参考。

2. 全面分析销售数据

商品的热度、转化率、用户的购买习惯等都是商家需要重点分析的对象。通过综合分析，我们可以更好地了解用户的需求，也能更清楚地知道自己的问题出在哪里，从而调整产品策略，提高店铺的销量。

3. 重新包装产品

店铺内的产品销售不出去，可能是因为产品缺乏吸引力。这个时候不妨对产品进行文字的包装，以此提升它的附加价值，这样，说不定能让客户刮目相看。

4. 增加营销手段

在抖音平台上营销，大多都采用抖音红包、限时折扣、积分兑换等方式，店铺通过这些营销方式，也可以吸引一些喜欢占小便宜的客户，当然，通过这些手段也能提升客户的复购率。

最后，商家还可以利用抖音平台的资源进行推广，比如，找同城的达人合作，或者自己直播推销等。总而言之，提升产品销量的方法有很多，商家可以根据自己的情况灵活运用。

和团购达人合作的实用指南

在抖音平台上做团购生意，有部分商家选择自己拍视频做推广，还有部分商家缺乏拍视频的经验，于是选择和本地的一些团购达人合作。不过，对于一些抖音新手期的商家而言，和达人合作是一件很复杂的事情，比如，选择什么样的合作模式？如何选择达人？合作的过程中会有哪些风险和深坑？这些问题他们都不太清楚，所以合作推广的时候显得有些着急和迷茫，下面我们就这些问题，为大家展开详细的阐述。

1. 商家和达人的五种合作模式

一般来说，商家和达人的合作一共分为五种模式：普通计划、专属计划、定向计划、招募计划，鹊桥计划。

（1）普通计划。这项计划是精选联盟里最基础的一个计划。它的门槛很低，商家只需要把商品添加进去即可，如果达人觉得商家给出的佣金比较满意，而且产品定位也和自己的粉丝群体相符，那么就可以将商品加入自己的橱窗里。一般普通计划的商品和佣金率所有达人都可以看见，而且佣金率可设置为1%~50%。这项计划操作简单，适用性范围很广，刚入行的商家可以尝试一下这种合作模式。

（2）专属计划。这项计划，又名"私密计划"，入驻精选联盟的商家可以选定特定的达人，且只有特定的达人可以看见，并推广该商家的商品，这种模式是二者合作的进阶版计划，这类合作可设置0~50%的佣金率。

选用这种合作模式，商家需要向达人提供更低的商品价格和更高的佣金。

（3）定向计划。这项计划为指定的达人设置特殊佣金，而且佣金的范围为0~80%。这项计划操作也很简单，商家需要绑定达人的UID，然后为他设置单独的佣金，也可以跟达人商量之后，再调整佣金的多少。

（4）招募计划。这是官方计划中的一项，平台会定期推出一些限时活动，商家可报名参加。活动分为面向全体商家或者指定的商家可参与，凡是符合商家参与标准的活动均会展示在后台—招募计划—所有活动中。所有达人都可见商品和佣金率。招募计划开始之后，达人申请样品，商家负责审核达人，通过后按照可提供样品，为达人免费寄送样品。

这种活动公开透明，安全可靠，可以帮助商家建立一个与达人高效沟通，且实时监控效果的渠道，有条件的商家不妨报名参与一下。

（5）鹊桥计划。当商家发现符合自己产品的优质带货达人，并愿意出高额佣金推广时，便可以采用鹊桥计划。在这项计划中，商家的商品所有达人都可见，但鹊桥的佣金率只有发消息的达人才可见。这项计划仅仅支持绑定抖音账号，且加入精选联盟的商家使用，而且该计划一旦开启，30天不得关闭。使用这项计划可以让商家在线接触到更多符合自己产品的优质达人，从而为高效变现创造更多可能。

2. 如何选择达人

商家可以根据达人的带货等级、粉丝特征，以及擅长拍摄这三个指标去筛选。一般情况下，带货达人的等级不需要太高，达到三四级就可以，有时也需要一级二级的达人辅助。粉丝特征的话，一定要选择粉丝活跃度高，且本地粉丝占比高的达人合作。另外，如果你的产品不是针对男性的话，一定多选那些女粉多的达人带货，因为女粉消费能力很强，而且她们毕竟感性，很容易产生冲动消费。

一般商家在选择达人的时候，会挑 10 个三级到四级的达人，20 个一级到二级的小达人。当然，这个并不是固定的，具体还要看商家自身情况。

3. 规避风险

有时候商家寄送样品后，并不能得到达人的回复，所以会白白浪费运费和产品的费用。为了规避这个风险，商家可以和达人商量，看他是否可以接受先购买样品，并携带其出镜，后返还商品价格的合作模式。

4. 分析达人近期的带货数据

看一个达人带货能力强不强，商家可以看他近期的带货数据。这些数据准确反映了他的表达能力，以及影响力和号召力。如果他近期的数据很理想的话，那么不妨给彼此一个合作的机会。

最后，提醒大家的是，商家要想把自己的店铺集中打爆，那就得和达人们商量，必须集中在同一天发布视频，最多不要超过两天，否则的话，你的流量会非常分散，达不到理想的推广效果。

第十章

打造文化母体，轻松玩转门店营销，让你的业绩翻番

寻找文化母体是企业品牌营销的关键

2007年,周杰伦的歌曲《青花瓷》横空出世,很快就火遍大江南北。至今,人们仍沉浸在"天青色等烟雨而我在等你"的委婉淡雅的旋律中,久久不能自已。

2007年,李玉刚凭借一首《新贵妃醉酒》迅速打响名声,这首歌也成为当年传唱度最高的歌曲之一。

2018年,一首唱腔独特、唯美动听的《赤伶》燃爆网络,一时间多位明星歌手争相翻唱,一众网友也被歌曲里的家国情怀感动得喉头一酸,眼含热泪。

仔细品这三首歌,你会发现它们歌词里处处都折射出传统文化的影子。陶瓷、古诗词、戏曲唱腔、民族配乐、民族情怀,等等。这些民族元素唤醒了人们对中国传统文化强烈的认同感,所以歌曲大火也成为一种必然。

其实,作为一家品牌企业,也可以学习借鉴这些歌曲的做法,将自己的产品"寄生"在文化母体里面,然后从传统文化母体中汲取能量,从而让自己的品牌发扬光大。

那么，究竟什么是文化母体呢？它是我们的根，它来源于历史和地理，它既可以是历史故事、俗语、谚语、诗词歌赋，也可以是陶瓷、乐器、指南针、戏曲等。总之，它是人类一切物质财富和精神财富的总和，是千百年来形成的一股"势"，它已经深深地根植在人们的头脑之中，形成了人们共同的认知和观念。

而且，文化母体有个典型的特征，那就是经典性和可传承性。不管经过多少次时代的更迭，世事的变迁，一代又一代的人依旧深受民族文化的影响，并且代代传承下去。

在现实生活中，谁要是逆"势"而为，必然会遭到人们的抵触。比如，网络上流行的那些口水歌，虽然传唱度很高，但是依旧不被普通大众真正接受和认可，为什么会出现这种情况呢？因为它没有找到根，没有一点文化底蕴，也没有思想内涵。换句话说，这些歌曲失去了文化母体的助力，就失去了文化契约，所以无法真正走进大众的内心。

因此，聪明的企业要懂得借"势"，将品牌寄生在文化母体上，这既相当于找到了文化契约，也相当于找到了与客户沟通的共同语言，而有了共同语言之后，双方的沟通就会很顺利，这样企业的传播成本会变得很低，而且企业的知名度和销量会有一个质的飞跃。

下面，我们列举借助文化母体成功营销自己的品牌案例。

XO人头马品牌之所以成为行业的佼佼者，跟它的文化嫁接有很大的关系。它的广告语是"人头马一开，好运自然来"。在这里，这个品牌借助的是一种运势、好运、吉祥的文化母体，这一借势就让它升华到了一种精神的层面，而这种精神又和人们追求的好运，以及吉祥如意的美好愿望不谋而合，所以借着这个好的文化寓意，XO人头马受到广大人民的喜爱。

从上面的案例，我们就可以看出，文化母体是一个独特的存在，企业有了文化母体的助力，就有了自己的特色，这样别人是复制不来的。所以，聪明的品牌企业有寻找寄主的意识，它们寄生于文化母体之中，成功抢占客户的心智，在他们的心中深深扎根，并长久存活下来。这个高超的营销套路，值得所有企业和商家学习借鉴。

企业品牌如何嫁接文化母体

从前一节内容我们了解到，文化母体对于企业品牌的营销起着至关重要的作用。那么对于一个企业而言，应该怎么做才能让自己的品牌嫁接到文化母体上来，从而实现品牌溢价呢？下面，我们列举两个典型的成功案例，以此帮助大家找到嫁接的灵感。

众所周知，中国人都有一个过年送礼的习俗。而聪明的脑白金企业就将自己的品牌和过年送礼这个文化母体联系在一起，于是品牌嫁接之后，它们的广告语变成了"今年过年不收礼，收礼只收脑白金"。

我们知道脑白金作为一个保健品，它的主要作用是调理身体，促进人身体的健康，但是该品牌并没有把着眼点放在"健康"二字上面，而是把自己归类于"礼品",这个"礼品"就和中国传统的送礼习惯联系在了一起,所以脑白金也成功找到了自己寄生于母体文化的关键点。而找到这个可供寄生的强大母体文化之后,脑白金并没有就此躺平,而是开始不间断地进行广告轰炸,目的就是告诉人们"脑白金是一个名牌礼物,是走亲访友时送礼的绝佳选择"。

就这样,脑白金经过长时间"洗脑式"的营销之后,彻底让自己根植在了这个文化母体上。自此之后,人们每到走亲访友,看望长辈的时候,就想到了脑白金。而脑白金也凭借这波营销一战封神,成了当年的爆款产品。

这是超级符号和品牌寄生应用的一个完美案例。和脑白金同样厉害的还有西贝莜面村,它原本是一个籍籍无名的西北菜餐厅。很多人甚至连它的名字都不认识,经常错把它读成"西北莜(xiào)面村"。那么后来,它是如何逆风翻盘,火爆全国的呢?这就不得不提超级符号和品牌寄生这个话题了。

"I LOVE NY"原本是纽约的一个城市形象推广语,后来在全世界流行起来,全世界的人们学着它的样子,表达着"I LOVE××",因此它成了一个超级符号,也是一个文化母体。

西贝莜面村巧妙地把品牌寄生在这个文化母体上,于是它们的广告语变成"I LOVE 莜","莜"音同"You"。可以说,这个品牌同时寄生在了"I LOVE NY"这个视觉符号和"I Love You"这个声音符号上。

品牌寄生完成之后,他们就开始大力推广,于是消费者每到店里消费一次，服务员就会说一次"I Love You"。比如，"你一共消费138元，I Love You"。"欢迎光临西贝莜面村 I Love You"，总而言之，每个出入餐厅的人都被这个特殊符号洗了脑，自此记住了这家特殊的餐馆。

后来，西贝莜面村还在每年的情人节这天都举行一次"亲嘴打折"活动。在每年的2月14日这一天，凡是情侣进来吃饭，只要在买单时互相亲吻，就可以获得一个很好的折扣价。至此，西贝莜面村将情人节发展成了"亲嘴打折节"。

这是超级符号和品牌寄生应用的又一个完美案例。在此过程中，西贝莜面村先找到了超级符号，然后让品牌寄生其中，接着加大力度推广，用"I Love You"代替了"I LOVE NY"，最后还衍生出了"亲嘴打折节"，这是一个"发现母体文化—寄生母体文化—替代母体文化—壮大母体文化"的过程。

作为一家企业，要想复制脑白金和西贝莜面村的成功，无须惊人的创造力，只需要有寻找母体文化的意识，找到之后将品牌寄生上去，这样品牌就能迸发出很强大的能量，获得更多客户的认可和喜爱。

作为一种移动支付的方式，微信红包之所以很受欢迎，就是因为它找到了人们会在春节送礼发红包这个文化母体。所以，找到母体之后，它迅速用电子红包代替了纸质红包。后来，即使没有逢年过节，人们依旧通过红包维持着人情往来，这就是母体壮大的一个过程。

文化母体的企业在营销前要做好哪些准备

营销活动是文化母体的企业在经营中必不可少的一项工作。没有营销活动，那么整个企业就显得死气沉沉，缺乏活力，而且品牌文化也无法得到宣扬，最后沦为无人问津的小透明。而企业要做好营销活动，事先的准备工作必不可少。塞万提斯说过："准备工作是成功的一半，做足准备是成功的关键。"文化母体的门店若是在活动之前目标不明确，主题不清晰，而且还缺乏必要的市场调研，那么势必会导致资源调配混乱，员工无所适从，最后失败是必然的结局。

那么，企业要想成功搞好一场营销活动，事先需要做好哪些准备呢？

1. 市场调研

尽人皆知，没有调查，就没有发言权。所以，在营销活动开展之前，企业调查的范围包括企业宏观外部环境和微观外部环境，以及企业内部环境。在调研的过程中，我们可以用普查、重点调查、抽样调查、典型调查的方法确定调研的对象，可以用观察、实验、电话、面谈、邮寄、留置等询问法展开实地的调研。

通过调研，我们了解了企业的宏观环境、了解了产品的竞争状况、了解了竞争对手的基本信息、了解了企业发展的机遇和危机，接下来才能根据调研结果进一步策划营销活动。

2. 明确目标

企业营销要有基本的目标，有了目标，营销活动才有基本的策划依据。反之，如果一开始目标就不明确，那么无论企业有多高明的营销手段，或者品牌有多深厚的文化内涵，都无法实现理想的营销效果。

一般来说，企业的营销目的，无非有以下几种：一是依靠文化母体，强化顾客认知，树立品牌形象，提升企业的知名度；二是通过营销活动，清理消化库存，将库房的老旧滞留产品推销出去；三是通过营销活动提升产品的销量，从而快速回笼资金；四是吸引客户眼球，抢占市场份额，打击竞争对手等。

企业的营销目标不一样，营销的侧重点也要有所区别，其采取的营销策略和营销手段也不一样。

3. 找准营销对象

因为不同的顾客有不同的欲望和需求，所以，企业在做营销活动时要根据客户的消费需求、行为习惯，以及自身的产品特点细分客户群。具体如何划分呢？可以根据客户的年龄、收入、性别划分，也可以根据客户的消费习惯划分，还可以根据顾客所在地域划分。不管使用哪个划分标准，最后都要锁定某个特定的群体展开营销活动。只有这样，才能保证你所推销的产品和选择的赠品符合该目标人群的需求，也只有这样，才能保证促销活动能顺利达成自己的目标。

4. 主题要清晰有创意

促销的主题是整个营销活动的灵魂。一个好的营销主题既要独特新颖，给客户眼前一亮的感觉，又要淡化商业的意味，给客户一种亲切感，如果能做到这两点，那么企业的销量和知名度就会有一个很大的提升。

5. 营销方式有亮点

明确了企业营销的目标和主题之后，接下来就要考虑营销方式了。因为它是围绕前面的两个因素展开的。一般来说，主要的营销方式有以下几种。

（1）服务营销。服务营销是企业在充分认识满足消费者需求的前提下，为充分满足消费者需要在营销过程中所采取的一系列活动。与传统的营销活动相比，服务营销是以客户对服务的期望为依据，开展有针对性的营销活动。

（2）体验营销。体验营销（Experience marketing），是通过看（See）、听（Hear）、用（Use）、参与（Participate）的手段，充分刺激和调动消费者的感官（Sense）、情感（Feel）、思考（Think）、行动（Act）、联想（Relate）等感性因素和理性因素，重新定义、设计的一种思考方式的营销方法。这种营销方式以满足消费者的体验需求为目标，以服务产品为平台，以有形产品为载体，生产、经营高质量产品，拉近企业和消费者之间的距离。

（3）情感营销。情感营销是从消费者的情感需要出发，唤起和激起消费者的情感需求，诱导消费者心灵上的共鸣，寓情感于营销之中，让有情的营销赢得无情的竞争。在情感消费时代，消费者购买商品所看重的已不是商品数量的多少、质量好坏以及价钱的高低，而是为了一种感情上的满足，一种心理上的认同。通过情感营销可以树立企业良好的形象，还可以提高消费者的品牌忠诚度。

（4）网络营销。网络营销是基于网络及社会关系网络连接企业、用户及公众，向用户及公众传递有价值的信息与服务，为实现顾客价值及企业营销目标所进行的规划、实施及运营管理活动。网络营销利用数字化的信息和网络媒体的交互性来辅助营销目标的实现，它具有跨时空性、多媒体性、交互性等特点。

（5）病毒式营销。病毒营销，又称病毒式营销、病毒性营销、基因营销或核爆式营销，是利用公众的积极性和人际网络，让营销信息像病毒一样传播和扩散，营销信息被快速复制传向数以万计、数以百万计的观众，它能够像病毒一样深入人脑，快速复制，迅速传播，将信息短时间内传向更多的受众。病毒营销是一种常见的网络营销方法，常用于进行网站推广、品牌推广等。

（6）口碑营销。菲利普·科特勒将21世纪的口碑传播定义为：由生产者以外的个人通过明示或暗示的方法，不经过第三方处理、加工，传递关于某一特定或某一种类的产品、品牌、厂商、销售者，以及能够使人联想到上述对象的任何组织或个人信息，从而导致受众获得信息、改变态度，这是影响购买行为的一种双向互动传播行为。

口碑营销具有传播速度快、成本低、时效性强等优点，所以很多创业初期的商家都可以利用这个方式宣传自己的产品和服务，这种营销方式更容易获得客户的信任。

（7）事件营销。事件营销是企业通过策划、组织和利用具有新闻价值、社会影响以及名人效应的人物或事件，吸引媒体、社会团体和消费者的兴趣与关注，以求提高企业或产品的知名度、美誉度，树立良好品牌形象，并最终促成产品或服务销售目的的手段和方式。一般来说，事件营销往往需要其他平台辅助，比如视频、博客、论坛、SNS、IM、微博，等等。

（8）饥饿营销。饥饿营销，又称饥渴营销，是指商品提供者有意调低产量，以期达到调控供求关系、制造供不应求的"假象"、维护产品形象并维持商品较高售价和利润率目的的营销策略。通过饥饿营销可以大大强化用户的购买欲望，同时也能扩大品牌的号召力，不过在如今这个信息爆炸的时代，一旦稍有不慎，有可能损害企业的诚信形象，也会消耗消费者的品牌忠诚度，所以大家在使用的时候一定要把握好分寸。

总而言之，促销活动的形式多种多样，商家可以任意组合，不过要保证这些形式有亮点、有差异，这样才能更好地起到宣传推广的作用。另外，商家在营销过程中，既可以选择买产品送产品，也可以选择买产品送优惠。而且，门店既可以独立促销，还可以展开商家联盟活动，也可以租一个固定的场所促销。不管商家采取哪种方式营销，只要能最后达成理想的效果，那便值得一试。

6. 选择好合适的时间和地点

一般促销活动都会在特定的节假日展开，这样可以淡化商业的气息，借助节日的氛围给客户一个购买的正当理由。另外，促销活动的时间还要根据季节以及天气情况具体而定。

要确定活动的地点时间，需要提前跟城管、工商部门商议，否则后续可能会碰到一些麻烦，而导致活动无法正常进行。另外，如果活动过程过于热烈，现场设置喊麦、播放音乐、唱歌、舞蹈等环节，需要找一个户外空旷的地方，这样才不会影响到周围的人。

以上就是门店营销前需要准备的几个基本事项，当然除了这些之外，费用预算、促销执行、培训组织、效果评估等因素也要考虑在内。在这里，我们就不详细阐述了。微软公司的联合创始人比尔·盖茨说过："要想成功，就要做好充足的准备。带着计划去，否则你的计划就像一张白纸。"一个企业要是不想让自己的营销活动变成一张白纸，那么不妨从上面提到的几个事项入手，相信有了这些充足的准备，营销效果会非常理想。

通过文化母体营销，打造独角兽级别的门店，引爆品牌影响力

相传五代十国时期，赵匡胤当年率军攻打寿春，可守城的刘仁瞻颇有些胆识和魄力，赵军久攻不下，反而失去了外援，赵匡胤一行人被困在了

南塘，眼看着弹尽粮绝，命不久矣。当地的百姓看在眼里，急在心里，最后纷纷将自己家耕地的牛杀掉，煮成大锅汤，送入赵营，官兵喝后士气大振，一鼓作气攻破寿春。

后来，赵匡胤称帝，身边山珍海味应有尽有，但是他始终惦记着那个救命的牛肉汤，后来民间把淮南牛肉汤称为"救驾汤"，又名"神汤"。

这是历史上的一个典故，也是一个文化母体，一个名叫"张大嘴"的牛肉汤品牌，借助这个文化母体，将自己的牛肉汤改名为"赵太祖救驾汤"。我们都知道在这个灯红酒绿、川流不息的城市里，每个人都有不为人知的烦恼和委屈，所以寓意治愈的"救驾汤"就应运而生了。"赵太祖救驾汤，一碗治愈的汤。"这碗牛肉汤将品牌寄生于文化母体之后，被赋予了独特的精神意义，从而使得它与城市年轻的消费群体达成了情感的共振。当然，通过品牌的寄生，以及营销活动，这家品牌门店获得了很强的感召力，一下子从街边低端的牛肉汤店上升为商场中、高端店面的快餐。

不过，品牌寄生文化母体，依靠文化母体完成店面的改造升级，并不是我们真正的目的。通过文化母体营销，打造独角兽级别的门店，引爆品牌影响力，从而创造销售奇迹，才是我们的终极目的。在实现这个目的之前，我们需要先了解一些好的营销技巧，利用这些营销技巧，企业才能更好地引爆市场热度。

1. 优惠券促销

它是消费者收到一张可以在下次购买时抵用、通常附有折扣的凭单的一种促销形式。这是很常见的一种促销手段。使用这种方式的时候要计算好折扣，确认好发放的方式和发放的对象。

比如：

亲爱的，×××百万补贴活动来咯~仅此1天！

全场无门槛95折，满100元9折，200元88折~

500款买即送防晒帽、化妆包等实用好物~

晚上12点优惠全部失效！点击下面蓝色链接选购~送运费险退货包邮！

2. 借势造势促销

借势，顾名思义，就是借助外部的力量为我所用。借势营销，借的是什么势呢？我们可以借节假日、周年日、热点日、事件日等策划促销活动。而造势营销，第一可以造一些事件，第二可以造节日，比如会员感恩日、文化节等。第三还可以造联盟，即商家联合起来搞让利活动。

比如：

国庆活动火爆来袭，学习永远不要走一走试一试，这样每次都是从头开始；

主题：《数字认知》《农场动物》《交通工具》附赠配套的三套正式课教材；

课程有效期：永久有效，终身回看；

第十章　打造文化母体，轻松玩转门店营销，让你的业绩翻番

上课时间：周一到周五上课，周末休息，共60节课（再赠送一个主题20节和一套主题礼盒）；

官方价1099元，优惠红包200元，仅需899元购课；

奖品一：童谣100首~开心学会100首童谣~语感超级棒；

奖品二：外教口语第一季~跟着外教更贴近英语；

奖品三：赠送一月天气课程；

奖品四：赠送价值88元天气礼盒；

奖品五：无忧—终身英语—原版动画—资源库；

季课大揭秘，会让宝贝爱上英语的课是什么神仙课！

为家庭未来－爱的结晶种下种子做最好的选择；

来领略宝贝超喜欢的萝拉老师的魅力；

抢五重大礼，点击季课报名：××××××（实付899元，给孩子一个爱的关注和优秀语感）。

3. 娱乐式促销

能激发人们的好奇心，能更深层次地满足人的精神需求，我们可以笼统、简单地称其为娱乐式促销。比如，猜灯谜、表演魔术、摇骰子等，这类促销活动也能起到很好的宣传效果。

比如，"今天我们店里举办摇骰子购物活动，所有进店的客户均可参与。现场有6粒骰子，只要摇出3个5，购物即可享受八折优惠。如果您没有购物的打算，我们也会送您一张优惠券，等到下次来店消费，优惠券

依旧有效"。通过这种娱乐方式，既愉悦了客户的身心，同时又让他们感觉到自己获得实实在在的好处，同时也没有给客户施加购买的压力。

4. 包装组合促销

即把不同的商品或者相关联的商品做成一个组合，或者一个大礼包，让消费者自由挑选。比如，在深冬季节，商家可以给客户设计一个送长辈的精选大礼包，里面装着"加绒保暖羊绒手套＋柔软耐寒的围巾＋面料厚实的兔毛针织帽子"，三件套组合起来做促销活动，给用户省去了搭配的时间，提高了他们参与购买的积极性。

5. 公益促销

顾名思义，就是通过向非营利组织进行货币捐献或者其他形式的资助，来对本公司产品或品牌进行宣传和促销。品牌企业通过公益促销的手段可以表达对消费者和社会的关心，可以引起消费者的共鸣，可以让他们对企业留下一个好的印象，也可以提升企业的知名度。

一个零食连锁品牌"零食很忙"在2023年6月组织了一场名为"小橘灯儿童关爱计划"的公益活动。在这场活动中，这个零食连锁品牌驱车7个小时来到了湖南湘西，造访了一座藏在小山中的小乡镇，为当地的山区儿童带来了一系列物资援助和爱心帮扶。"小橘灯"是作家冰心的一篇文章的题目，寓意着蕴藏在人民心中的希望和火种，象征着光明和温暖。此次活动，品牌"零食很忙"就是怀揣着爱心的火种，承担着重要的使命来到这里的。在这里，品牌方与洛塔学校通力合作，建设了专业的心理咨询室、宣泄室，并配备了相关的书籍以及相关设施。通过这次"小橘灯"

的公益行动，品牌方既温暖和照亮了山区孩子的内心，又在公益事业的助力下，让品牌的知名度有了进一步的提升。

6. 买赠促销

顾名思义，这些促销活动有买有赠。一般来说，买赠促销分为五个类型：买商品送原品、买商品送赠品、买商品送联合商品、买商品送代金券、买商品送体验。商家在使用这种促销技巧宣传推广时，记得设计好要赠的商品。通常来说，要想营销效果好，赠品也很讲究。①它要能激发用户的兴趣，这样他们才愿意积极参与；②赠品要有自己的特色，不能随大流，否则很难吸引到用户；③赠品的质量要过关，粗制滥造的赠品不仅不会打动客户，反而会损害品牌的形象；④赠品要和促销的主题紧密相关，这样才能更突出活动的主题；⑤赠品的成本不能过高，否则会让企业得不偿失；⑥赠品不能和竞争对手的雷同，否则对用户来说毫无新意，从而丧失参与的热情。

以上就是常见的几种营销技巧，让商家在打造独特的品牌文化、扩大品牌影响力的时候，可以灵活运用营销的多种方式。只要营销活动有想法，有创意，对顾客有吸引力，都可以大胆尝试，最终还是要以营销结果为导向的。

附录：千海金句

（1）世界上最好的商业模式都是强刚需，高频消费，高毛利，所以量大是企业致富的关键，客户黏性是企业基业长青的保证！

（2）这个世界唯一不变的就是变，老板要在变化中重新做好市场定位，升级商业模式，客户服务方式，转变营销方式。

（3）一个企业90%的收益通常来自老客户持续的购买，企业发展中如何放大客户的终身价值变得至关重要。

（4）如果老板没有顺应时代发展的需要，企业永远不可能取得巨大的成功。

（5）选择服务什么样的客户，决定你的企业规模能做多大。

（6）优秀的公司用营销满足需求，伟大的公司用营销满足欲望。

（7）企业家的格局决定战略布局，布局决定结局。

（8）你能愿意解决多少人的问题，就有多少人愿意付钱给你。

（9）企业的成功必须让客户知道你的产品，并且让客户主动分享传播，这样企业才能持续经营。

（10）定位定江山，分享分天下，伟大的公司都取决于老板的定位。

（11）重复旧的思维模式，只会得到旧的结果，拿着旧地图找不到新大陆。

（12）一个人选择了自私自利，就选择了渺小的自己；一个人选择了无私利他，就选择了伟大的自己。

（13）企业的第一核心竞争力就是：老板的企业家精神。

（14）企业制度只能管制员工的身体，企业精神才能牵引员工的灵魂。

（15）产品是用来跟消费者交换的，品牌是用来跟消费者沟通的，你要打动他们的心，首先要满足消费者的渴求。

（16）生意不好的本质就是没有客流量，没有客人的本质就是缺少获得客流量的入口。

（17）服务好线下实体门店，就是未来最大的商业模式，因为它是最好的客量通道。

（18）产品想让客户尖叫并疯狂购买的三大核心，一是要如何彻底解决客户的痛点？二是如何让产品体验感好？三是如何用流量引爆口碑？

（19）小老板经营事，大老板经营人。

（20）一个伟大的企业源于一个伟大的企业家，一个伟大的企业家源于心怀伟大的梦想。

（21）老板要把企业打造成行业的标杆，成为一个领袖型企业家。